कवि मन जनी मन

[आदिवासी स्त्री कविताएँ]

कवि मन जनी मन

सम्पादन

वंदना टेटे

राधाकृष्ण प्रकाशन

ISBN : 978-81-8361-924-0

कवि मन जनी मन

पहला संस्करण : 2019

मूल्य : ₹595

प्रकाशक
राधाकृष्ण प्रकाशन प्राइवेट लिमिटेड
जी-17, जगतपुरी, दिल्ली-110 051

शाखाएँ : अशोक राजपथ, साइंस कॉलेज के सामने, पटना-800 006
पहली मंजिल, दरबारी बिल्डिंग, महात्मा गांधी मार्ग, इलाहाबाद-211 001
36 ए, शेक्सपियर सरणी, कोलकाता-700 017

वेबसाइट : www.radhakrishnaprakashan.com
ई-मेल : info@radhakrishnaprakashan.com

मुद्रक : बी.के. ऑफसेट
नवीन शाहदरा, दिल्ली-110 032

KAVI MAN JANI MAN
Womens Adivasi Poetry
Edited by Vandana Tete

हिन्दी की पहली
आदिवासी पुरखा कवयित्री
सुशीला सामद
(7 जून, 1906–10 दिसम्बर, 1960)
की स्मृति में

क्योंकि आदिवासी स्त्रियाँ ही पीठ पर भविष्य को बेतराती हैं

जोहार। यह पुस्तक आदिवासी स्त्री कवि मन से हिन्दी जगत के पाठकों की पहली सामूहिक मुलाकात है। बेशक! अब तक आप कई आदिवासी जनी (स्त्री) कवयित्रियों से मिल चुके होंगे किन्तु नितान्त सारंडा के बीहड़ जंगल से राजमहल की पहाड़ियों, झारखंड-छत्तीसगढ़ के घने जंगल, सिनगी-माकी की धरती और बीरु की ऐतिहासिक-सांस्कृतिक पृष्ठभूमि से लेकर नेतरहाट के आदिम आदिवासी स्त्री आवाज से गूँजते साझा गीतों से वास्ता पहली बार ही है। क्योंकि इससे पहले आदिवासी स्त्री कवियों का कोई साझा संकलन प्रकाशित नहीं हुआ है।

मुंडा समुदाय की सुशीला सामद (सामन्त) हिन्दी साहित्य में पहली आदिवासी कवयित्री हैं। तीस के दशक में वे हिन्दी में कविताएँ लिखती थीं और साहित्यिक पत्रिका 'चाँदनी' (1928) की प्रकाशक-सम्पादक थीं। उनके दो काव्य संकलन प्रकाशित हैं—'प्रलाप' (1934) और 'सपने का संसार' (1948)। 'प्रलाप' की भूमिका में 'सरस्वती' के सम्पादक देवीदत्त शुक्ल ने लिखा है—'सरल छन्दों तथा कोमल, मधुर शब्दों में भावों को कविता का रूप देने में उन्होंने कमाल हासिल किया है।' (आचार्य शशिकर, डॉ. बुल्के स्मृति ग्रन्थ, 1987) फिर भी कहा जा रहा है, लेखन में आदिवासी नए हैं और स्त्रियाँ तो हैं ही नहीं।

सही है कि मुख्यधारा (?) के लिए आदिवासी भाषाएँ हमेशा अबूझ रही हैं। इस अबूझपन को उन्होंने अपनी सांस्कृतिक-सामाजिक पृष्ठभूमि से बूझा और व्याख्यायित किया। मुख्यधारा (?), जहाँ स्त्री हमेशा दोयम दर्जे की नागरिक है और जो आज भी वहाँ इनसानियत से बेदखली के खिलाफ संघर्षरत है। किन्तु आदिवासी स्त्री का चिन्तन केन्द्र स्व, समुदाय और

सामुदायिकता के साथ ही प्रतिध्वनित होता रहा है। इसलिए इस संग्रह को 'नारीवाद' की प्रस्तावना या अभिव्यक्ति मान लेना किसी भी रूप में उचित नहीं होगा। यह संकलन महज आदिवासी स्त्रियों को एक साथ पढ़ने-सुनने के लिए है।

आधुनिक काल में आदिवासियों के पिछले 250 वर्षों के रचाव-बचाव के अन्तहीन प्रयासों को भारतीय साहित्य (?) प्रतिरोधक एवं विद्रोही संस्कृति के रूप में चिह्नित करता रहा है जैसा कि उन्होंने पूर्व के अपने धार्मिक और मिथकीय साहित्य में भी किया है। ऐसा करते वक्त हमारे पुरखा वाचिक इतिहास और साहित्य के मूल दर्शन व स्वभाव को ध्यान में नहीं रखा जाता। भारत में आदिवासी साहित्य लिखित रूप से समूची समग्रता में अब तक नहीं आ पाया है, यह सच है, लेकिन टिम्बकटू के लाखों पांडुलिपियों की तरह आदिवासी लेखन की ऐतिहासिक उपलब्धियाँ सामने आएँगी ही। कोई कब तक रोक सकेगा? सवाल व्यापक साझेदारी का है, जो नस्लीय दम्भ छोड़े बिना संकुचित ही बना रहेगा।

और यह स्थापना भी औपनिवेशिक मानसिकता की देन है कि जो लिखित है, वही साहित्य है, इतिहास है। लिखित दुनिया ही प्रामाणिक है। जबकि हम आदिवासियों का विश्वदृष्टिकोण, सौन्दर्यबोध और इतिहास पुरखा साहित्य व वाचिक परम्परा में है। लिखित और तथाकथित सभ्य दुनिया इससे अनजान है। उनका अनजानापन भाषा के अज्ञान से है। गैर-आदिवासी समाजों का यह आकलन-निष्कर्ष सही नहीं है कि आदिवासी लोग अन्तर्मुखी और शर्मीले होते हैं। इस धारणा के पीछे उनका आदिवासी समाज से अपरिचय है। उनकी अज्ञानता का मूल अपरिचय ही है जिसे वे अपनी नस्लीय दम्भ और मनगढ़ंत अवधारणाओं से छुपाने की कोशिश करते आ रहे हैं।

'कवि मन जनी मन' के जरिए आदिवासी स्त्री कविताओं को हिन्दी में लाने के पीछे हमारी मंशा है कि अपरिचय की दीवार गिरे। बेशक! आदिवासी समाज कुछ हद तक 'अन्तर्मुखी' है। यहाँ अन्तर्मुखी से तात्पर्य इनसान सुलभ संकोच है, वह सन्देह है जिसे ऐतिहासिक कालक्रम में बाहरी समाजों के दुराव-हमलों ने रूढ़ किया है, न कि यह अलगाव की स्वाभाविक प्रवृत्ति है। आदिवासी समाज संवाद और साझेदारी की ऐतिहासिक प्रक्रिया से बाहर है या हमेशा बाहर बने रहना चाहता है, ऐसा बिलकुल नहीं है। बाहरी समाजों

की एक धारणा यह भी है कि आदिवासियों जैसा खुला और कोई समाज नहीं है। एक तरफ आदिवासियों को अन्तर्मुखी और दूसरी तरफ खुला कहना, एक ही समाज के बारे में इन दो विरोधाभासी टिप्पणियों के बीच छुपे राजनीतिक निहितार्थों को समझने की जरूरत है। ये दो धारणाएँ इसीलिए हैं कि जब आदिवासियों से लेना होता है तब वे 'खुला' हो जाते हैं और जब उन्हें लौटाने की बात आती है तो उन्हें 'बन्द' अर्थात् अन्तर्मुखी करार दे दिया जाता है। सामान्य शब्दों में कहें तो—आदिवासी विकास के विरोधी हैं।

प्रस्तुत संकलन में वृहत्तर झारखंड के आदिवासी समुदायों के स्त्रियों की कविताएँ शामिल हैं। दो प्रमुख कवयित्रियाँ इस संकलन में नहीं हैं। पहली आदिवासी स्त्री कवयित्री सुशीला सामद और संताली कवयित्री आशा सुषमा किस्कू, जो सुशीला की तरह ही मूल रूप से हिन्दी में गीत-कविताएँ लिखती थीं। सुशीला की रचनाएँ स्वतंत्र रूप से पुस्तक की शक्ल में इसी संकलन के साथ-साथ आ चुकी हैं। उम्मीद है आशा किस्कू की कविताएँ भी जल्द ही आपको पढ़ने को मिलेंगी। और हाँ, एक अन्य मुंडा स्त्री रचनाकार हैं काजल डेमटा। गीत, कहानियाँ और नाटक लेखन सभी में समान रूप से सिद्धहस्त। यह संकलन जब प्रेस में जा रहा था, तब उनके बारे में जानकारी मिली। दूसरे संस्करण में वे जरूर साथ होंगी।

संकलित कवि और कविताओं के चयन में खुलापन रखा गया है। जानबूझकर किसी तरह का अनुशासन, मतलब किसकी, कैसी और कितनी कविताएँ होंगी आदि का ध्यान नहीं रखा गया है। कवियों में से एक या दो को छोड़कर प्राय: सभी अपनी-अपनी आदिवासी मातृभाषाओं में लिखती हैं। परन्तु संकलन में शामिल कविताएँ मूल रूप से हिन्दी में रची गई हैं। कुछ का हिन्दी अनुवाद है जिसे कवयित्रियों ने स्वयं किया है। हिन्दी में आदिवासी स्त्री कविताओं का मूल या अनुवाद लाना इसलिए जरूरी लगा कि यह समझ बिलकुल साफ हो जानी चाहिए कि नसों में दौड़ने वाला लहू चाहे कितनी पीढ़ियों का सफर तय कर ले अपना मूल स्वभाव नहीं छोड़ता। यानी रचने का, गढ़ने का और बचाने का स्वभाव। अपने लिए ही नहीं बल्कि सबके लिए, सम्पूर्ण समष्टि की चिन्ता का स्वभाव।

शब्द हमेशा अपने साथ अपना पूरा परिवेश, मानसिकता, दृष्टिकोण लेकर आते हैं। फलत: जानने के क्रम में कई बार अर्थ का अनर्थ हो जाता

है। हमारी शैली, भाषा, बिम्ब, कथ्य संक्षिप्तता में ही पूरी बात रख देते हैं। बड़े और भारी-भरकम वाक्य-विन्यासों का आदिवासी अभिव्यक्ति में, हमारी भाषाओं में सर्वथा अभाव रहता है। ध्यान रखना ही होगा कि आदिवासी जनी (स्त्री) मन का धरातल बिलकुल दूसरी तरह का है। आदिवासियत के दर्शन पर खड़ा। सम भाव जिसकी मूल प्रकृति है। प्राकृतिक विभेद के अलावा जहाँ इनसान अथवा सत्ता द्वारा कृत्रिम रूप से थोपा हुआ कोई दूसरा भेद नहीं है। हालाँकि कुछ बन्दिशें हैं, परन्तु सामन्ती क्रूरता और धार्मिक आडम्बरों के किले में आदिवासी स्त्री बिलकुल कैद नहीं है। आदिवासी समाज में पुरुष सत्ता नहीं होने से स्त्रीवाद भी नहीं है। यदि आदिवासी स्त्रियाँ पुरुष उत्पीड़न पर भी रचनात्मक लेखन कर रही हैं, तो उसकी वजह 'सभ्यता' नामक बीमारी है। आदिवासी दर्शन और संस्कृति नहीं। 'सभ्यता' से सम्पर्क के पहले पुरुष सत्ता जैसी कोई अवधारणा आदिवासियों की सामाजिक व्यवस्था में हमें नहीं मिलती। इसीलिए आदिवासी स्त्री की संवेदना-वेदना, चिन्ता, सौन्दर्यबोध और भौतिक संसार को सामने लाने का यह एक जरूरी उपक्रम है। ताकि खुद को मुख्यधारा कहने वाला समाज और साहित्य समझ सके कि आदिवासी स्त्रियों का लेखन उसी रचाव-बचाव का अभिन्न हिस्सा है, जो सामूहिक है।

पहाड़ी नदी की तरह चंचल, पोखरे की तरह गम्भीर, घर के बीचोबीच खड़ा मजबूत धरना या कि आर्थिक-सांस्कृतिक पौष्टिकता लिए महुआ-सी, महिलाएँ अपने समुदाय की रीढ़ हैं। ठीक वैसे ही उनका लेखन है। जिसमें न घुमाव, न छिपाव। सरल, सहज अपने खेतों-खलिहानों, जंगल-पहाड़ों से बिम्बों को चुनती, बीछती और बतियाती। रोज केरकेट्टा हों कि फ्रांसिस्का, कुजूर या फिर उज्ज्वला, ज्योति और जंसिंता, सभी नफरत, प्यार, उदासी, दुःख-तकलीफ के अपने-अपने अनुभवों से हमें आदिवासी स्त्रियों की पठार-सी पसरी दुनिया में ले जाती हैं। जहाँ सवाल करती, उद्वेलित होती, पीठ पर छउवा (बच्चा) उठाए साल वनों से लेकर कंक्रीट के जंगलों में मोर्चे पर जाने की तैयारी करती साँवली छवियाँ हैं। वे अपनी कविताओं से विमर्श करती हैं। उनके विमर्श में वर्चस्व की आक्रामकता नहीं बचाव के युद्धगीत हैं। आदिवासी स्त्री मन को पता है उसकी दुनिया से इतर विश्व चाहे वह अकादमिक ही क्यों नहीं है, उसके समुदाय के बारे में

कैसा नजरिया रखता है। कामुकता की हद तक उसने कितनी-कितनी रूमानी भ्रांतियाँ पाल रखी हैं।

औपनिवेशिक काल से शुरू हुए करीब ढाई सौ साल बाद एक अदेखी दुनिया अर्थात् आदिवासी समाज और साहित्य आज विमर्श के केन्द्र में है। तब जरूरी है, आदिवासी विश्व जो कि अपनी समृद्ध सांस्कृतिक, सामाजिक, आर्थिक, ऐतिहासिक परम्पराओं-संरचनाओं को सहेजे हुए है और सामूहिक सहजीवी जीवनशैली बचाए रखा है, उसके आदिवासियत के दर्शन को हिन्दी में लाया जाए। आदिवासियों का न तो इतिहास है, न ही साहित्य और वे पिछड़ा समाज हैं। उनकी संस्कृति अवैज्ञानिकता का शिकार, बर्बर और असभ्य है। आदिवासी बर्बरीक परम्पराओं में जीते हैं और आधुनिक विकास के प्रति उदासीन हैं। उनकी भाषा व्याकरण के मानकों पर खरी नहीं है और साहित्यिक विकास होना अभी शेष है। एक ओर वे ऐसी मिथ्या धारणाएँ फैलाते हैं, तो यह भी कहते हैं, आदिवासियों को विकास की मुख्यधारा में आना होगा और विश्व साहित्य की दृष्टि से खुद को विकसित करना होगा। वहीं, विश्व इतिहास और साहित्य में आदिवासियों की भ्रामक व स्टीरियो टाइप छवियाँ गढ़ने का सिलसिला जारी है।

सवाल है, विकास किसका और कैसे? कौन-सा विश्व-दृष्टिकोण? घृणा, भेद और लूट पर आधारित सौन्दर्यबोध या कि इनसानी गरिमा की पक्षधरता वाला सांस्कृतिक मूल्य? यह अजीब बात है कि धरती, स्त्री, समष्टि को रंग, नस्ल, धर्म, लिंग और जाति में विभाजित करने वाला भारतीय समाज व साहित्य, जो खुद को मुख्यधारा घोषित करता है, वह समताजीवी आदिवासी समाज को इनसानियत की सीख दे रहा है। किसी भी भाषा और समाज को हेय बताकर विकास और संवाद की इच्छा जाहिर करना राजनीतिक धूर्तता है। हिन्दी व अंग्रेजी की श्रेष्ठता और वर्चस्व आदिवासी भाषाओं को उनके समुदाय की तरह ही दबाए-कुचले और शोषित बनाए रखने के लिए थोपा गया है। ऐसा नहीं है तो फिर गैर आदिवासियों द्वारा किए गए शोध प्रबन्धों व अध्ययनों को आदिवासी साहित्य क्यों कहा जा रहा है?

इस संग्रह में वे आदिवासी कवि स्त्रियाँ शामिल हैं, जो सृजनरत हैं और संघर्ष के मचानों को बाँध रही हैं। विभिन्न आयु और श्रम पृष्ठभूमि से इनका ताल्लुक है। उनका पेशा अध्ययन-अध्यापन, सामाजिक कार्य, नौकरी है या

फिर वे निपट पारिवारिक स्तर पर श्रमरत हैं। परन्तु उनकी सोच का दायरा आदिवासी विश्व है। समुदाय में हो रहे तमाम परिवर्तन, संकट, समस्या को लेकर जो चिन्तित हैं। वे जानती हैं बाहरी प्रभाव और हमला सिर्फ समुदाय नहीं झेलता, बच्चे और स्त्रियाँ उसके पहले निशाने पर होती हैं। क्योंकि आदिवासी स्त्रियाँ ही पीठ पर भविष्य को बेतराती हैं।

सभी जनी कवियों, रोहिणी अग्रवाल और माँ रोज केरकेट्टा को कृतज्ञ फूल का गुच्छा देते हुए उसे प्यार से चूमती हूँ।

—वंदना टेटे

कविता में बसा आदिवासी साहित्य का घोषणा-पत्र

सचमुच आदिवासी समाज के साथ न्याय नहीं कर पाया है हमारा समय, समाज और पौराणिक साहित्य। अर्ध-मानव के रूप में अभिचित्रित आदिवासी समुदाय नागर समाज के मानस पर अविकसित-पिछड़े-बर्बर पहचान के साथ काबिज है, यह स्वीकारने में लज्जा से ज्यादा अपराध-बोध हो रहा है। लेकिन आत्म-स्वीकृति कहीं उस अपराध-बोध के त्रास और प्रभाव से मुक्त होकर समय को 'अपनी' आँख से देखने-विश्लेषित करने की परिपक्वता और दायित्व भी देती है। पौराणिक आख्यानों, रामायण और महाभारत के महत्त्व को कैसी भी संजीदा ऊभ-चूभ के कारण खारिज तो नहीं किया जा सकता, लेकिन पुनर्विश्लेषण कर प्रायश्चित्त अवश्य किया जा सकता है। तब विवाह का प्रस्ताव देती शूर्पणखा की तथाकथित बेहयाई एक स्वतंत्रचेता आधुनिक स्त्री का आत्मविश्वासपूर्ण सुविचारित निर्णय बन जाती है जिसे नागर समाज तमाम प्रगतिशीलता के बावजूद आज भी स्वीकृति नहीं दे पाया। ताड़का की शारीरिक विकरालता हर तरह के जंगली (और सभ्य) जानवरों के खौफ से आजाद घूमती स्त्री की निर्भीकता का पर्याय बन जाती है। यहाँ तीखा विलोम रचते हुए जब दामिनी या मुख्तार माई जैसी पीड़िताओं की याद आती है, तब लगता है कहीं चतुर नागर समाज ने अपनी वर्चस्ववादी उच्छृंखलता को बनाए रखने के लिए ही तो ताड़का जैसी आत्मनिर्भर पराक्रमी स्त्रियों को नहीं गरियाया होगा? भालू-वानर, सेवक (निषादराज-शबरी) या प्रतीक (एकलव्य-बर्बरीक) रूप में आदिवासी जातियों को चित्रित करता साहित्य सभ्य कहे जाने वाले समाज के भय का आख्यान है—ठीक वही हरकत जब बड़ी लकीर को छोटी करने के लिए आप उसके समानान्तर अपने आचरण की बड़ी लकीर न खींच पाने की हताशा में बेदर्दी से उसे ही मिटाते-कुचलते चलें।

कबूल करूँ तो हिन्दी एवं अन्य भारतीय भाषाओं के शोधपरक उपन्यासों के बाद पहली बार आदिवासी समाज में आदिवासी कवयित्रियों की उँगली पकड़कर दाखिल हुई हूँ। कैसा समृद्ध है यह संसार! चहुँओर हरियाली—विश्वास और आत्मीयता की पुरसुकून ठंडक भरी हरियाली! राग और संवेदना की तरलता में लहलहाती सम्बन्धों की रंग-बिरंगी फसल! प्रकृति के रग-रेशे में अपने वजूद के एक-एक तार को बाँधकर एक संयुक्त जीवन जीने की जिद में तनी दृढ़ताएँ! न दैन्य, न समर्पण; न लोभ, न विकार—अपनी रवानगी में बहता जीवन दूसरों की जेब और जिन्दगी में झाँकने की निकृष्टताएँ नहीं करता; समूची सृष्टि के साथ एकतान होकर भविष्य को बचाने की जुगत करता है।

'कवि मन जनी मन' संग्रह की कविताओं में बसी मिट्टी की सोंधी खुशबू मुझे बचपन में खींच ले गई है। मिट्टी हमारा सबसे प्यारा खिलौना थी—गूँधकर सपनों की पोटली खोल लो और मनमाना आकार देकर अपनी पूरी दुनिया बसा लो। जलमग्न हो जाए तो कागज की कश्ती बनाकर नौका विहार का आनन्द ले लो। जब तक कल्पनाएँ हैं, और कल्पनाओं को मूर्त करने की धुन में दुनिया की हर शै से टकराने का जज्बा है, मिट्टी में रचे-बसे सृजन का ओर-छोर नहीं। लेकिन सीमेंट के रहवासों में धँसकर मानो मिट्टी भी गले की फाँस बन जाती है, और नफीस सृजनात्मकता की कट्टर शत्रु। सपनों के साथ-साथ रचनात्मकता भी सूखने लगती है—आरोपित व्यवस्था के दबावों को जीवन-शैली बनाकर। जाहिर है अकृत्रिमता, स्वतःस्फूर्तता, रागात्मकता और जिजीविषा इन कविताओं की ताकत बन जाती है। बेशक ये कविताएँ मुख्यधारा के पाठक को एक अलग फ्लेवर का अहसास कराती हैं, लेकिन अलगाव या वैशिष्ट्य के इसी बिन्दु के इर्द-गिर्द यदि मैं चक्कर काटती रही तो 'हम' और 'वे' की अलगाववादी अभ्यस्तता को ही मजबूत करती रहूँगी। ये कविताएँ निरायास अभिव्यक्तियाँ जरूर हैं, अपनी अस्मिता की लड़ाई की सजग रणनीतियों और इरादों से मुक्त नहीं। स्त्री हूँ और स्त्री मुद्दों को लेकर पितृसत्तात्मक व्यवस्था की साजिशों से लड़ने का जज्बा भी रखती हूँ, इसलिए जानती हूँ लड़ाई में विरोधी पाले भी बनते हैं; जय-पराजय की आकांक्षाएँ भी सिर उठाती हैं, लेकिन आत्यंतिक लक्ष्य के तौर पर मानवीय गरिमा की लड़ाई कभी 'एक' व्यक्ति, एक वर्ग,

एक समूह या एक जाति की जय/पराजय पर समाप्त नहीं होती। बल्कि वह मनुष्य की अस्मिता के हित में खड़ी होकर हर तरह के वर्ग/समूह/जाति/विषमता के उन्मूलन की लड़ाई बन जाती है। अपने पैरों तले की जमीन कौन छोड़ना चाहता है, लेकिन कोई छीन ही ले तो कौन उसके प्रतिवाद में सिर-धड़ की बाजी नहीं लगाएगा? दरअसल जीना अपनी साँस को बनाए रखने का चक्र नहीं, अपनी साँस के साथ सृष्टि के सह-अस्तित्वपरक सम्बन्ध को समृद्धतर करते रहने की ललक का नाम है। या कवयित्री वंदना टेटे के शब्दों में कहूँ तो जीने का अर्थ है 'रचने का, गढ़ने का और बचाने का स्वभाव।' बचाव आक्रामकता में नहीं, संरक्षण में निहित है और संरक्षण हेतु धरोहर का चयन संवेदनात्मक विवेक में। इसलिए आश्चर्य नहीं कि प्रकृति के साथ मनुष्य, समय और ब्रह्मांड को गूँथकर आदिवासी कवयित्रियाँ सबसे पहले श्रम को संरक्षित करना चाहती हैं—श्रम जो आत्मविश्वास के साथ आत्माभिमान की फसल बोता है मनुष्य के भीतर की जमीन पर; श्रम जो सहकारिता की धुरी पर टिककर गति को प्रगति का चक्र बनाता है और जीवन-लय को गीतों में गूंथकर ललकार का रूप देता है। श्रम जो अकर्मण्यता का विरोध करता है तो अपने आप हेराफेरी, उत्पीड़न और विभाजनों का विरोध करके समता का प्रस्तावक बन जाता है। श्रम से सिंचित गीत भीतर के उच्छ्वास या आह्लाद की अभिव्यक्ति नहीं, अपनी जमीनी अस्मिता, सपनों और भविष्य को बचाने की मुस्तैदी भी हैं क्योंकि 'भाषा ही नहीं रहेगी तो गीतों का मेला कहाँ लगेगा।'

बचाना है जल-जंगल और जमीन को—तमाम प्राकृतिक सम्पदा और सौन्दर्य के साथ ताकि नदियों और झरनों से पानी न छिन पाए और धरती माँ की गोद से 'बाघ, वराह, भूत-दरहा, गौरैया, भुवा, चोरदेंवा, गुतरु'। नहीं तो क्या पता माँ बनकर सबको पालती धरती कातर प्रणयिनी बनकर भीतर ही भीतर सूखने लगे कि 'मेरा जूड़ा बहुत सूना लगता है संगी, सरहुल के फूलों बिना।'

यदि बचाना है हर तरह का भावनात्मक सम्बन्ध तो पहले अपने भीतर उगे झाड़-झंखाड़ भी साफ कर लेने होंगे—'हंडिया और दारू से सींच कर/क्या किसी ने उगाया है—कोई जंगल?' और तौल लेनी होगी अपनी ताकत कि क्या क्रशर और कन्वेयर बेल्ट की सवारी करा उत्तुंग-उन्नत पहाड़ को

सारी सम्पदा समेत यूँ शहरों के बीहड़ में चुपचाप चले जाने दिया जाए? विकास एक खास तबके की आर्थिक समृद्धि का एजेंडा नहीं हो सकता, न ही उस तबके के सम्मोहन में बँधकर चाँदी के चन्द टुकड़े पाने की ललक। हीरा के साथ-साथ सबको सोचना है कि राजनीति और पूँजी की साँठगाँठ ने सपनों की मरीचिका फैलाकर उन्हें भीतर तक ठग लिया है। ठग लिया तो ठीक, क्या अब उसी घाव को ताउम्र चाटते रहें? न, न-न! 'बनो तुम बिरसा, जतरा, सिदो, कान्हू/लाओ उनकी कीर्ति/ सोचो कैसे उठती है समाज में क्रान्ति/कैसे सुलगती है राख में चिंगारी/कैसे उठती है समुद्र में सुनामी/जरा सोचे तो हीरा/जरा सोचे तो हीरा!!!'

संघर्ष, जिजीविषा और समय का सृजन इस संग्रह की कविताओं में संकल्प की दृढ़ता और ताजगी भरता है। प्रोमीथियस सा अदम्य आवेग विश्वास दिलाता है कि 'एक दिन चीता बन लौटेगा' जंगल। इसलिए 'अब भी वक्त है सँभल जाओ तुम/कि तुम्हारी तरह क्रूर न हो जाऊँ मैं/अगर तब भी न चेते तुम/ तो भूल जाऊँगी मैं तुम कौन हो, कौन थे।'

मैं सोचती हूँ कि इन उच्छ्वासों को निरी कविता कहकर क्या इतनी आसानी से खारिज किया जा सकता है? न! इन उच्छ्वासों में घुली कसक और बेचैनी ने इसे जातीय संघर्ष का मैनिफेस्टो बना दिया है—मनुष्य से बुनियादी विकास की अपनी शर्तों पर पूरी सृष्टि के साथ संवादपरक साहचर्य का घोषणा-पत्र।

—प्रो. रोहिणी अग्रवाल
डीन एवं अध्यक्ष
मानविकी संकाय
महर्षि दयानन्द विश्वविद्यालय,
रोहतक-124001

क्रम

सुषमा असुर

डॉ. रोज केरकेट्टा

ग्रेस कुजूर

प्यारी टूटी

डॉ. फ्रांसिस्का कुजूर

उज्ज्वला ज्योति तिग्गा

डॉ. दमयन्ती सिंकु

डॉ. शान्ति खलखो

यशोदा मुर्मू

ज्योति लकड़ा

जसिंता केरकेट्टा

वंदना टेटे

सुषमा असुर

मुर्गा बाँग दे रहा है
कितना सोओगे ?

उठो,
चलो जाएँगे दँवरी खेदने

सुषमा असुर

सुषमा असुर का जन्म 5 जुलाई, 1983 को झारखंड के गुमला जिला स्थित सखुआपानी गाँव में 'असुर' आदिवासी परिवार में हुआ। उनकी माँ का नाम बुधनी असुर और पिता का नाम खम्भीला असुर है। दिवंगत पिता खम्भीला असुर अपने समुदाय के अगुआ थे और असुर इलाके में उनकी छवि एक समर्पित समाज सुधारक की थी। उनके असामयिक निधन ने सुषमा के परिवार को सामाजिक और आर्थिक दोनों ही स्तरों पर बेतरह परेशान किया। जाहिर है अपनी शिक्षा–दीक्षा हेतु सुषमा ने कई तरह की प्रतिकूल स्थितियों का सामना किया और 12वीं तक की शिक्षा पाई।

सुषमा ने इन विपरीत स्थितियों में धैर्य और साहस को अपना सम्बल बनाया। उन्होंने अपनी मातृभाषा असुरी में लिखना आरम्भ किया। उन्हें संकट के इन दिनों में झारखंडी भाषा साहित्य संस्कृति की संस्था 'अखड़ा' के साथियों का भरपूर प्रोत्साहन मिला। इस संस्था से जुड़ाव के फलस्वरूप वह अपनी भाषा–संस्कृति को बचाने, अपने समुदाय के लोगों को जागृत करने और रचनात्मक साहित्य सृजन की ओर उनकी दिलचस्पी बढ़ी। वे जिस असुर समुदाय से आती हैं वह समुदाय सामाजिक और शैक्षणिक दृष्टि से झारखंड के दूसरे आदिवासी समुदायों से लेखन के मोर्चे पर अभी भी काफी अविकसित अवस्था में है। 2010 में सुषमा असुर की प्रकाशित पुस्तक 'असुर सिरिंग' असुर साहित्य की लिखी गई पहली पुस्तक है। उनकी कुछ कविताएँ 'आदिम राग' काव्य–संग्रह में भी शामिल हैं।

'झारखंडी भाषा साहित्य अखड़ा', 'फारवर्ड प्रेस' आदि पत्रिकाओं में प्रकाशित सुषमा की कविताओं से एक नई उम्मीद जगी है। इन दिनों वह असुर समुदाय के विभिन्न रीति–रिवाजों और उसमें बोले जाने वाले मंत्रों के संकलन के काम में लगी हैं। इस सन्दर्भ में वे कहती हैं, 'मेरे मन में असुर इतिहास को जानने और उनकी खत्म हो रही परम्परा को बचाने की इच्छा मजबूत हो रही है। मोबाइल नेटवर्क भी नहीं है। जबकि आजादी के पहले

से ही हमारी धरती पर बॉक्साइट का खनन हो रहा है। इससे देश का तो विकास हो रहा होगा परन्तु मेरा गाँव सखुआपानी नेतरहाट के पठार पर घने जंगल में है जहाँ आज भी न बिजली है, न सड़क है, न अस्पताल है।'

सुषमा असुर की कविताएँ उनके अपने समुदाय में जीने-मरने की चिन्ताओं में गहरे डूबकर लिखी गई सी लगती हैं। ये कविताएँ श्रमशील असुर समुदाय की वर्तमान और भविष्य—दोनों तरह की चिन्ताओं में विकसित होती हैं। यहाँ प्रस्तुत आरम्भिक दो कविताओं की बात करें तो कवयित्री स्वयं उस समुदाय में आत्मलीन हो, उनकी चिन्ताओं से कविता को विकसित करती हैं। न कोई आडम्बर, न कलात्मक बाजीगरी अपितु एक कठोर यथार्थ के धरातल पर ये कविताएँ आदिवासी किसानी परिवेश का सरल-सहज चित्र प्रस्तुत करती हैं। इससे आगे की कविताओं में आदिवासियत रंग सधे हुए अन्दाज में आप पाएँगे जहाँ आदिवासी किसान अपनी जमीन बेच रहे हैं और शहरीकरण जल, जंगल, जमीन की आदिवासी बुनियाद को लील लेने पर आमादा है।

एक आदिवासी किसान जो खेती के सहारे ही अपनी जीविका खेता है वह अगर खेती ही बेच दे और उन पैसों के भरोसे भविष्य सँवारने को उद्धत हो तो उसकी क्या स्थिति होगी इसे सुषमा अपनी कविता में यूँ रखती हैं: 'कितने दिनों तक/जमीन बेचा हुआ, रुपया-पैसा रहेगा ?/एक दिन ऐसा समय आएगा/बच्चे तुम्हारे खून से/दीपक जला-जला कर खोजेंगे/उस दिन तुम्हारी आँखों से गिरेगा पानी/सभी सूख गए झरनों का पानी/ झर झर झार...'

कविता में आसन्न भविष्य को लेकर उस आदिवासी किसान की भयावहता पर इतनी वेधक पंक्ति शायद ही किसी हिन्दी कवि ने रची हो। सुषमा अपनी आगे की कविता में शहरीकरण में चाक-चाक होती आदिवासियत को और भी गहरे और विस्फोटक रूप में अभिव्यक्त किया है। देखें उनकी ये पंक्तियाँ : 'कल के समय में कुछ भी नहीं बचेगा/रिरियाने के लिए भाषा भी नहीं बचेगी/किसके कन्धों पर सर रखकर रोओगे/पहाड़ तो शहर में बिछी होगी कोलतार के साथ/कुचल रही होंगी हर पल जिसे/अनगिनत नई-नई मॉडल की गाड़ियाँ।' हम विकास के नाम किस तरह अपने ही संसाधनों को दुह रहे हैं इसकी कसक में ही इतनी असरदार पंक्तियाँ लिखी जा सकती थीं। बहुराष्ट्रीय और आवारा पूँजी ने झारखंडियत का जो हश्र किया है उसको कवयित्री बहुत सही तरीके से पहचानती हैं।

सम्पर्क : ग्राम-सखुआपानी, पो.-डुम्बरपाट, थाना-बिशुनपुर, जिला-गुमला 835218)

नहीं तो घास भर जाएगा

खेतों में जब हल चलाओगे
तब धान बोओगे
नहीं तो घास उग जाएगा
घास देखकर जानवर भर जाएँगे

हल चलाओगे
तभी खेती कर सकोगे
अपने खेतों में रोज दिन
बारहों महीना हल चलाओगे
तब तुम धान की खेती करोगे
खेती करोगे
तो खेत में घास नहीं उगेगा
तुम्हारे खेतों में धान का पौधा हरा-भरा रहेगा
हल चलाओगे तो तुम्हारे खेतों में धान रहेगा

देखने के लिए चारों दिशा से
चारों कोना से
पहाड़ों के ऊपर से
नदियों को पार करके
खेत के किनारे-किनारे
पंछी आकर बैठेंगे

खेत में धान बुनोगे
तब तुम्हारे घर में धान भरेगा
नहीं तो मकड़ा धान रखने की जगह पर
जाली बनाकर भर देगा
घर में धान घुसाओगे
तो धान रखने वाले 'छटका' में धान 'भादुर'
धान देखने के लिए झूला झूलेंगे
धान रखने वाले घर में
उड़-उड़कर अन्दर बाहर
पूरा घर घूमेंगे

खेतों में हल चलाओगे
तो धान बोओगे

चलो दँवरी खेदने

चलो बेटा 'दँवरी खेदने'
मुर्गा बाँग दे रहा है
कितना सोओगे?
उठो, चलो जाएँगे दँवरी खेदने

गमछे को ओढ़ लो
खलिहान के पास आग जला लेंगे

जोड़ा बैल को तुम दौड़ाना-घुमाना
हम पकड़ेंगे 'आखिन'
धान को धूप निकलने से पहले ही
झाड़ लेंगे
तुम घूम-घूमकर दौड़ाना
हम उलट-पुलट आखिन में
बाल को ऊपर-नीचे करेंगे
तुम घुमाना दँवरी

माँ तुम्हारा खाना लेकर आएगी
उसके आने तक हम
झाड़ कर खतम करेंगे

हम दोनों जब खाना खाएँगे
वह सूप लेकर ओसाएगी
ओसाने तक हम खाना खाएँगे
खाना खा कर तुम देखना बैल
हम दोनों ढोएँगे धान
तुम चराना बैल

कितने दिन ?

कितना दिन जमीन
बेचा हुआ रुपया पैसा रहेगा ?
कितना दिन पत्थर तोड़ोगे ?
पत्थर खेत क्यों तोड़ रहे हो ?
तुम लोग पेट का
पोटा (अँतड़ी) को तोड़ रहे हो
और खत्म कर रहे हो खुद को

कितने दिनों तक
जमीन बेचा हुआ, रुपया-पैसा रहेगा ?
एक दिन ऐसा समय आएगा
बच्चे तुम्हारे खून से
दीपक जला-जला कर खोजेंगे
उस दिन तुम्हारी आँखों से गिरेगा पानी
सभी सूख गए झरनों का पानी
झर झर झार...
अभी तो सभी जमीन को बेच-बेचकर
फुलपैंट, जूता, चप्पल पहन रहे हैं
खूब दारू-शराब पी रहे हो
नाच-नाच के मोबाइल हो रहे हो
कल के समय में कुछ भी नहीं मिलेगा
कल के समय में कुछ भी नहीं बचेगा
रिरियाने के लिए भाषा भी नहीं बचेगी

किसके कन्धों पर सर रखकर रोओगे
पहाड़ तो शहर में बिछी होगी अलकतरा के साथ
कुचल रही होंगी हर पल जिसे
अनगिनत नई-नई मॉडल की गाड़ियाँ

पहाड़ का घर खत्म हो गया है

पहाड़ रो रहा है
नदी सिसक रही है
रो रहे हैं झारखंड के झरने
धरती–पहाड़ सब रो रहे हैं
रो रहे हैं असुर सारे

झरने में पानी नहीं है
पहाड़ में फूल फल नहीं है
नदी में बहने के लिए पानी नहीं है

बाघ, बन्दर, भालू, सियार,
साँप, हाथी, खरगोश, चिड़ियों
के लिए जगह नहीं है
पहाड़ का घर खत्म हो गया है
भाषा ही नहीं रहेगी तो
गीतों का मेला कहाँ लगेगा

हमने बनाया था लोहा
अब उसी लोहे से कम्पनी वाले
धरती कोड़-कोड़ लहू बहा रहे हैं
उसी लोहे से मार रहे हैं
रो रहे हैं असुर सारे।

हम जरूर जिएँगे ही पठार की तरह निडर

पठारी क्षेत्र में तुमने
हमें (असुरों को) जन्म दिया
पर जिन्दा रहने के लिए रास्ता नहीं बतलाया
पठारी क्षेत्र में तुमने
हमें (असुरों को) मजदूर बनाया
पर स्कूल जाने के लिए पैसा नहीं दिया
हमें आगे बढ़ने के लिए रास्ता नहीं बतलाया

अब तो हमारे पास भाषा नहीं है
अब तो हमारे पास संस्कृति नहीं है
हम तुम्हें कैसे पुकारें
हम तुम्हें किस विधि से याद करें

हे धरती के पुरखों, हे आसमान के पुरखों
ओ हमारे माता-पिता, ओ सभी असुर बूढ़ा-बुढ़िया
तुम्हारे भोजन की जिमवारी जंगल की थी
तुम्हारी मजूरी खेत की जिमवारी थी
यहाँ से वहाँ तक फैला पठार ही तुम्हारी पाठशाला थी
पहाड़-झरने तुम्हें रास्ता बताते थे

हे धरती के पुरखो, हे आसमान के पुरखो
ओ हमारे माता-पिता, ओ सभी असुर बूढ़ा-बुढ़िया

तुम सब नहीं जानते थे कचिया-ढिबा (रुपया-पैसा)
तुम सब नहीं जानते थे परजीविता

हम तुम्हें दोष नहीं देते
हम तुम्हें अपनी असहायता के लिए
कोरट-कचहरी नहीं करते
पर जब कम्पनी धम धम आती है
पर जब सरकार दम दम बेदम करती है
हम किसको गोहराएँ
हम किस छाती में आसरा ढूँढ़ें

हे धरती के पुरखो, हे आसमान के पुरखो
ओ हमारे माता-पिता, ओ सभी असुर बूढ़ा-बुढ़िया
हम सीखेंगे तुम्हारी तरह बोलना
हम सीखेंगे तुम्हारी तरह नाचना
हम करेंगे शिकार तुम्हारी तरह
उन सभी जानवरों का
जो असुरों के घर खोद रहे हैं
जो हमारे झरनों को फुसला-बहला रहे हैं
जिन्हें धरती और इनसान खाने की लत है
हम जरूर जिएँगे तुम्हारी तरह ही
पठार की तरह निश्चिन्त निश्छल
तुम्हारे रचे इस असुर दिसुम में

डॉ. रोज केरकेट्टा

वनराज यहीं वन भैंसा भैंस
बाघ-वराह, मित्र, झरने, नदियाँ, खुशी-हँसी
कुही, तोता, कौवा-मैना, रूनिया और बेसरा,
मैं, मैं तो दादा नहीं जाऊँगी भूटान राज्य।

डॉ. रोज केरकेट्टा

रोज केरकेट्टा का जन्म 5 दिसम्बर, 1940 को झारखंड के सिमडेगा जिला के कसीरा सुन्दरा टोली गाँव में 'खड़िया' आदिवासी समुदाय में हुआ। इनकी माँ मार्था घरेलू महिला थीं और पिता प्यारा केरकेट्टा झारखंडी समाज के शैक्षणिक, सामाजिक एवं सांस्कृतिक क्षेत्र की जानी-मानी शख्सियत थे। पिता की बौद्धिक छाँव ने रोज केरकेट्टा को पल्लवित किया। इन्होंने हिन्दी में एम.ए. और पी-एच.डी. किया और अध्यापन के पेशे में आ गईं। 1966 से 1982 तक इन्होंने क्रमशः कोलेबिरा लड़बा स्कूल, पटेल मोंटेसरी स्कूल, बैजनाथ जालान सिसई कॉलेज में अध्यापन किया। तत्पश्चात् जनजातीय एवं क्षेत्रीय भाषा विभाग, राँची वि.वि. राँची में खड़िया विभाग में इस भाषा की अध्यापिका रहीं। वहाँ से 2000 में उन्होंने अवकाश ग्रहण किया। सेवानिवृत्ति के पश्चात् स्वतंत्र लेखन एवं विभिन्न नागरिक संगठनों में आप सक्रिय रहती हैं।

झारखंडी आन्दोलन और भारतीय आदिवासी लेखन में 'रोज दी' एक बेहद पॉपुलर नाम है। उन्होंने अपनी मातृभाषा खड़िया के साथ-साथ हिन्दी भाषा-साहित्य में भी कई पुस्तकें लिखी हैं। उन्होंने अपने लेखन में झारखंडी समाज के कई महत्त्वपूर्ण सवालों को दर्ज किया है साथ ही जनान्दोलनों को बौद्धिक नेतृत्व प्रदान करने तथा संघर्ष की हर राह में आप अग्रिम पंक्ति में रही हैं।

आपकी प्रमुख प्रकाशित पुस्तकें हैं : खड़िया लोक कथाओं का साहित्यिक और सांस्कृतिक अध्ययन (शोध ग्रन्थ), प्रेमचन्दाअ लुडकोय (प्रेमचन्द की कहानियों का खड़िया अनुवाद), सिंकोय सुलोओ, लोदरो सोमधि (खड़िया कहानी-संग्रह), हेपड़ अवकडिमा बेर (खड़िया कविता एवं लोक कथा संग्रह), खड़िया निबन्ध संग्रह, खड़िया गद्य-पद्य संग्रह, जुझइर डाँड़ (नाटक संग्रह), पगहा जोरी-जोरी रे घाटो (हिन्दी कहानी-संग्रह), सेंभो रो डकई (खड़िया लोकगाथा), खड़िया विश्वास के मंत्र (सम्पादित), अबसिब मुरडअ (खड़िया कविताएँ) एवं स्त्री महागाथा की महज एक पंक्ति (आलेख संग्रह)। आपकी रचनाओं का अन्य भारतीय भाषाओं में भी अनुवाद हो चुका है।

रोज दी की कविताओं में प्रकृति, पशु-पक्षी और आदिवासी लोग-बाग पूरी संवेदना के साथ अपने अलग-अलग रूपों में आए हैं। अक्सर वे अपनी कविताओं में अभिधा लक्षणा वाली शैली से बचते हुए बहुत ही सादगी और साफगोई से कविताएँ रचती हैं। अपनी पहली ही कविता 'बारिश' में वे पूछती हैं, 'क्या तुमने देखा है/मछलियों का नृत्य, मछलियों का थिरकना?' और आगे बारिश के बाद की स्थितियों का विवरण देते मनुष्यों द्वारा उन्हें अपने जाल में फँसाए जाने की हिंसक मंशा पर चोट करती हैं।

यहाँ एक बहुत ही मर्मस्पर्शी और अपनी मिट्टी की जड़ों से गहरे पैबस्त उनकी कविता 'भूटान राज्य नहीं जाऊँगी' की चर्चा लाजिमी है। हमारी सोसाइटी का यह आम चलन परम्परा से चला आता रहा है कि लोग रोजगार और ऊँचे अवसरों की चिन्ता में अक्सर अपनी जड़ों से कटने का फैसला लेते रहे हैं। आज का आधुनिक मनुष्य इसमें पारंगत है बल्कि उसके अन्दर अपनी जड़ों के प्रति वह लगाव भी नहीं रहा। रोज दी अपनी इस कविता में झारखंडी समाज में ही बने रहने की सदिच्छा से भरे जो दृष्टान्त उपस्थित करती हैं वह इस सहज-सी लगने वाली कविता को एक असाधारण ऊँचाई देता है। कविता में एक बहुत ही असरकारी पंक्ति आती है, 'यही जन्मभूमि, यहीं मृत्यु भी/ भुँरहरी स्थान यह दादा, नहीं मैं नहीं जाऊँगी भूटान राज्य।' अपनी जड़ों के प्रति ऐसी गहरी सदिच्छा और सोना, चाँदी, पैसे की नहीं, बुद्धि, अक्ल और ज्ञान की चाह उसे अपनी जड़ों से ही पूरी होने की उम्मीद कविता को बड़े फलक पर ला खड़ी करती है। रोज दी की 'मचान के नीचे', 'बादल', 'पंडुक और तोता', 'पत्थलगड़ी' व 'चक्र और चक्कर' जैसी कविताएँ झारखंडी समाज के कई सवालों को काव्यात्मकता के एक नए सौन्दर्य धरातल पर बड़ी बारीकी के साथ दर्ज करती हैं। हिन्दी में बसन्त पर ढेरों कविताएँ लिखी गई हैं लेकिन रोज की इस कविता में पक्षियों की चहचहाने की जो 'हुदहुद' है वह कमाल का है। आदिवासी समाज में पक्षियों की ध्वनि का यह शब्दांकन बेजोड़ है जो इस कविता को हिन्दी की कविता से अलग और खास महत्त्व का साबित करती है।

'दक्षिण के पोजो पेड़ पर/मुहकल बोला हुदहुद-हुदहुद/दूर बैठा जोड़ा उसका/पल-पल बोल रहा था चीख कर/हुदहुद-हुदहुद...'

सम्पर्क : चेशायर होम रोड, बरियातु, राँची, 834009

पहली बारिश

पहली बरसात में ही
नदी उमड़ी थी
और मछलियाँ मानो जलपरियाँ
तेजी से गहराई से लदगद-लदगद करते जल में
ऊँचाई की ओर उड़ी थी
थिरक रही थीं, रोशनी में चमक रही थीं
क्या तुमने देखा है
मछलियों का नृत्य, मछलियों का थिरकना?

बारिश में खेत गड्ढे
छलके छपाछप भर उठे
कतार में ऊपर उठती मछलियाँ
फैल जातीं छिछले पानी में
और निष्ठुर मानव
जवान बूढ़े-बच्चे सब
छोटे-बड़े निकल पड़े जाल लेकर
खेतों, नालों झरनों और नदियों में
छा जाते काल बनकर।

वे मछलियाँ
बेखौफ मौत से अठखेलियाँ करती
फँस गईं, फँसा ली गईं जालों में
मछलियों की प्रणय लीला

उमंग का उत्कर्ष
पल में परिवर्तित होता मौत में

उनकी मौत
नहीं करती द्रवित मानव को
इतना निष्ठुर इतना निर्मम
आज का मानव
सृजन काल में मछलियाँ मारी जाती हैं।

भूटान राज्य नहीं जाऊँगी

मत डाँटना माँ, मत डाँटना पिता
मैं तो दादा नहीं जाऊँगी भूटान राज्य
यही जन्मभूमि, यहीं मृत्यु भी
भुँइहरी स्थान यह दादा, नहीं, मैं नहीं जाऊँगी भूटान राज्य

वनराज यहीं वन भैंसा भैंस
बाघ-वराह, मित्र, झरने, नदियाँ, खुशी-हँसी
कुही, तोता, कौवा-मैना, रूनिया और बेसरा,
मैं तो दादा नहीं जाऊँगी भूटान राज्य

गूलर, बार, केंद-चिरौंजी, बेहरा और आँवला
जिरहुल, सखुआ, तिरियो-कोरोया, आसन-कोयनार;
तुम्हारे-मेरे मित्र खेलते हैं झाक-झूमर (झूमते हैं)
मैं तो दादा नहीं जाऊँगी भूटान राज्य

नहीं मैं ललचाती सोना-चाँदी, ढेर-ढेर-सा पैसा
अक्ल, बुद्धि, ज्ञान, पाऊँगी, सजाऊँगी
यत्न से समेटना इन्हें अवश्य है,
छोड़ जाओ दादा, मैं तो नहीं जाऊँगी भूटान राज्य

बादल

आसमान में बादल गरजता
किस राजा का पेट बजता
महल के अन्दर युवक
किसने राजा को जहर दिया

आकाश में बादल गरजता
नीचे रोपा खेत में
कर्णफूल आपका बहू
जर्र-जर्र चमकता।

बादल गरजता है तब
बाँस का जंगल ध्वनित होता
टाँय-टोंय करील
उगता स्वतः

काम करो बहू
नाराज मत हो
रोपो, घास निकालो
काटो, दवनी करो
फटको, सुखाओ
साफ करो, गरजता है, डराता है
मत डरो
बादल जीवन जल देता है।

मचान के नीचे

मचान के नीचे किशोर बैठकर
क्यों आँसू गिरा रहे
बनिये का घोड़ा मिर्चा बाड़ी में घुसा
रौंद डाला इसलिए
आँसू गिरा रहे।

मत रो किशोर, माँ तुम्हारी से कह दूँगा
पिता तुम्हारे को कह दूँगा
मैं किशोर तुम्हारे लिए मोर पंख खरीद दूँगा
कलगा बनाओगे युवक, कलगा खोंसोगे
तोलोंग तुम्हारा लहराता जाएगा
महुआ खाओगे युवक पेट को सन्तोष होगा।

मचान के नीचे युवक जतरा लगेगा
तुम युवक नाचने जाना
माला पहनोगे कलगा लगाओगे
तुम युवक नाचने जाओगे।

प्रसन्न हो युवक अभी
(जब) दाढ़ी बनाओगे तब घोड़े को दौड़ाना
लाठी से प्रहार करना,
अभी तो युवक आँसू पोंछ लो।

पंडुक और तोता

पंडुक चुनता एक-एक
उरद गोंदली धान तिल
घनी झाड़ियों के बीच में
मोरा अपना बाँधता

बुरे दिनों के लिए सोचता
माँग कर खाना नहीं चाहता
बुरे दिनों में भी वह
पेट भर खाता।

तोता काटता गुच्छा-गुच्छा
पके फल वाला बगीचे का
काटता, गिराता जमीन पर, नहीं चुनता
कल क्या होगा नहीं सोचता।

वर्षा ऋतु में कुछ न पाता
पंडुक से तब ऋण माँगता
'दो पंडुक भूखा हूँ।
भूख से बेहाल हूँ।'

पंडुक कहता...तुम तो राजा
गिरे को नहीं खाते

साल भर चुनता रहता मैं
तुम अगहन में कटनी करते।

तुम खाते आम जामुन
बगान का मक्का काटते
आधा निगलते आधा गिराते
अगहन में धान भार-भार ढोते।

मैं साल भर चुनता रहता
धूप न जाड़ा कोई प्रतिबन्ध नहीं
छोटा मोरा छिपाकर रखता
दुर्दिन में किसके द्वार जाता।

दादी-दादा कह गए हैं
जो भाग्यवान हैं
पंडुक का मोरा पाते हैं।
भूख को भूल सदा जाते हैं।

पत्थलगड़ी

पुत्र ने जब लिखा पत्र तो
कहा भेज रहा हूँ शर्म से डर से
दस वर्षों तक मृत-सा रहा
इसके बाद लिख रहा हूँ शर्म से भय से

पेट पालने निकला था
काम की खोज में भागा था
बिन बोले, बिन बताए
चला आया था बहुत दूर
हाथ-पैर घिसने तक

उधर काम किया हीन काम भी
पसीना बहाया, सबने देखा
नहीं सका पर पैर थामने मजबूती से
बीमार पड़ा, दुख पाया, अकेला था
जल तक देने वाला कोई न था
कराहा, यादें उभर आईं
पहाड़ पतरा चवरा दोन

बचपन में घूमता मैं
चूहा, कस्तुरा, चिड़िया, सुन्दर
मारता गुलेल से था मैं
चरवाही करता था भीग-भीग कर

मडुवा सखुआ महुआ लठा
छाते में खोंस खोंस कर
खाया मित्रों साथ घूम-घूमकर
बाँट कर आपस में स्वादिष्ट
एक-दूसरे को देकर हँसकर
खाया, गिराया छींट कर

एक-दूसरे को दौड़ाते, ठिठोली करते
यादें पीड़ा ले आईं
कलेजे में तीर बिंध गया मानो
सिर पर हाथ धर पल भर बैठा रहा
दोनों हाथ हृदय पर धर दिया

रात आधी थी पर
बार दिया दीया
लिखना शुरू किया रो-रोकर
क्या बोलेंगे सोचते हुए

शर्म भय से भर लिखता हूँ माँ
रो-रोकर याद करता हूँ अब्बा
मर खप जाऊँगा इधर ही
नहीं फिर भी देख जाऊँगा

भाई मेरे तुमसे अपील करता
बहन से भी निवेदन करता
कभी किसी दिन माघ महीने में
कर देना पत्थलगड़ी
याद कर भाई को

चक्र और चक्कर

फागुन से गुजरती हवा के कारण
फगुनाई मँजराई आम की डाली
लहरा रही थी धीरे-धीरे।
अमराइयों पर बैठी गौरैया
गा उठी अचानक चिर्र-चिप-चिप
फुदक रही थी, चंचल चित्त
क्या आ गया वसन्त सचमुच?

दक्षिण के पोजो पेड़ पर
मुहकल बोला हुदहुद-हुदहुद
दूर बैठा जोड़ा उसका
पल-पल बोल रहा था चीख कर
हुदहुद-हुदहुद
चिढ़ा था या कि चिढ़ा रहा था
क्या आ गया वक्त घोंसला बनाने का?

वसन्त हो या ग्रीष्म
वर्षा हो या शरद
या ठिठुरती शिशिर हो
मौसम तो ऐसे ही आता है
जाता है रूटीन से
सबसे पहले चूल्हा जला कर
चाय बनाकर रोज बिस्तर पर पहुँचती हूँ

न मैं अमरइया न चिरैया
न हुदहुद न मौसम बौराया
पर नहीं, मैं चक्कर हूँ
चक्कर काटती हूँ
घर के अन्दर
इस कमरे से उस कमरे तक
मुर्गे की बाँग से जागना
टिटहरी की हूक से सोना
मेरा रूटीन है बस इस तक
उस तक सेवा पहुँचाना

भय

शिशु का भय अँधेरे से
आँखें मूँद माँ से लिपटा
सारी रात काट देता।
माँ जरा-सा हटती
बच्चा टटोलकर चिपक जाता।

वह अँधेरा होता
मन के बाहर, मन के अन्दर
अन्दर का भय दिखता
तरह-तरह की चित्रावली।

बाघ, वराह, भूत-दरहा
गौरैया, भुवा, चोरदेंवा, गुतरु
दाँत कीचते, दाँत निपोरते जो
बचपन तक साथ न छोड़ते।

युवावस्था तक में
अन्दर बाहर जमें हो तो
जीवन भर जीवन-वन में
मरते दम तक डराएँगे।

अन्दर का भय आकाश से उतरता
जीवन्त जीवन को निगलता अँधेरा

पर सूर्य किरण निगलता अँधेरा
भय दुनिया का चूस जाता।

विवेक–सूर्य प्रकाश करे तो
दुश्मन बैरी भागेगा।
मन का भय हटे तो
जीवन्त जीवन जीतेगा।

भय इसलिए मत बो, मत बाँट
जहाँ उगा हो, वहीं उखाड़।
जड़ से उखाड़ो, आग से जला दो
भय को नष्ट–भ्रष्ट कर दो।

मैना

मेरी मैना, मेरी सालो
निपट अकेली उदास बैठी
नीम की डाल पर।
मेरी खिड़की, खुली हुई
आ, मेरी मैना
मत हो उदास।
हम तुम बातें करें तो,
तुम मुझे सुना
दिन भर की श्रम-व्यथा
क्यों छूट गया दूसरा कहीं।
खो गया वह, वापस नहीं आएगा।
तू मेरे साथ हो
अपनी दोस्ती मुझे दे
कल सुबह हम साथ
हों, उगते सूरज को देखने को।

पचास वर्ष

पचास वर्ष पूरे हुए
हमारे बन्धन को टूटे हुए
बन्धन क्या सच में टूटा?
या बन्धन कड़ा हुआ?

बन्धन तो खुला, कमर भी कस गया
मानव छा गए मैदानों जंगलों में
खड़िया फँस गए सँकरी घाटी में
अधिक से कम हुए।

कमर कैसे मजबूत हो?
वन कैसे गुलजार हो?
आसमान में 'पृथ्वी' जा रहा है
सीमा पर तोप गरज रहा है।

एक बन्धन टूटा
दस बन्धन बँध गए।
लोहा, कोयला, सोना–हीरा
दूसरे का हुआ, हार गए हम

हमारे खान दूसरों के
हमारी थाली दूसरों को

थाली पर दूसरे का हाथ
चारपाई पर बाबू बैठा।

झगड़ों को पाल कर
मदद को दफन कर
प्रेम को बहाकर
बँध गए हम कई बन्धनों से।

अगल-बगल देखकर
बुद्धि लगाकर देखें, तो
कदम आगे बढ़ाएँ तो
सीधे खड़े हो पाएँगे।
अनुकम्पा के रूप में

ग्रेस कुजूर

'एतवरिया उराइन'
नहीं चाहती
दफ्तरों में बाबुओं को पानी पिलाना,
चाय लाना,
और न ही चाहती है
अफसरों की फाइलें ढोना।

ग्रेस कुजूर

ग्रेस कुजूर का जन्म 13 अप्रैल, 1949 को झारखंड की राजधानी राँची के इटकी में 'उराँव' आदिवासी समुदाय में हुआ। जिनकी मातृभाषा 'कुड़ुख' है। इनके पिता पैट्रिक कुजूर अस्पताल में कम्पाउंडर थे और माँ रूथ केरकेट्टा भी हेल्थ विजिटर थीं। इनकी आरम्भिक एवं उच्च शिक्षा राँची में पूरी हुई। इन्होंने क्रमशः उर्सूलाइन कॉन्वेट स्कूल राँची से मैट्रिक, संत जेवियर कॉलेज राँची से एम.ए, बी.एड. की शिक्षा पाई। फरवरी 1976 में उन्होंने ऑल इंडिया रेडियो की सर्विस में कार्यक्रम अधिशासी के रूप में ज्वाइन किया। इस संस्थान में रहते हुए उन्होंने राँची, पटना, दिल्ली, भागलपुर आदि जगहों पर अपनी सेवाएँ दी। यहाँ प्रमोशन पाकर वे इस संस्थान की निदेशक भी बनीं। 2006 में 'रेडियो डेचबेले' कार्यक्रम में भाग लेने हेतु इन्होंने जर्मनी की यात्रा की। वहाँ रेडियो मैनेजमेंट के विभिन्न पक्षों पर व्यावहारिक और सैद्धान्तिक प्रशिक्षण लिया। 2007 में उन्होंने ईरान की यात्रा की। बतौर प्रोग्राम इंचार्ज उन्होंने 'पब्लिसिटी एंड डॉक्यूमेंट्री का पहला पुरस्कार ऑल इंडिया रेडियो के लिए लिया। अन्ततः दिल्ली से 2008 में उन्होंने अवकाश ग्रहण किया।

ग्रेस कुजूर ने 1966 से लेखन कार्य आरम्भ किया। इनकी कविताएँ 'हिन्दुस्तान', 'आज', 'युद्धरत आम आदमी', 'आर्यावर्त' आदि पत्र-पत्रिकाओं में प्रकाशित होती रहीं। 'कलम उगलती आग' और 'आधुनिक महिला लेखन-कविता' नामक संग्रह में भी इनकी कविताएँ शामिल की गईं। उन्होंने अब तक तकरीबन 40 कविताएँ लिखी हैं हालाँकि कोई संकलन प्रकाशित नहीं हो पाया है। ग्रेस कुजूर ने रेडियो नाटक तथा प्रहसन भी लिखे हैं। डायन-प्रथा पर 'महुआ गिरे आधी रात' नामक उनका नाटक चर्चित रहा है।

ग्रेस कुजूर की कविताएँ हिन्दी माध्यम में ही छपती रही हैं बावजूद इसके हिन्दी साहित्य ने उन्हें कभी नोटिस में नहीं लिया। उनकी कविताओं

में आदिवासी समाज की स्मृतियाँ बहुत मुखर होकर सामने आती हैं। विकास की आँधी से उजाड़ दिए गए गाँवों में वे बार-बार लौटती हैं। कहती हैं, 'कितना सुकून पैदा करती थी/रात के सन्नाटे में/माँदर की थाप और हवा में घुलते/'अँगनई' और 'डमकच' के गीत।'

ग्रेस के पास कविता कहने का अपना एक खास अन्दाज है जो गहरे लयात्मक कौशल के साथ पाठकों के दिलोदिमाग को एक मद्धिम संगीत का-सा सुख और चैन देता है। वह आदिवासियत के सरोकार को बगैर किसी शोर और प्रोपेगेंडा के बहुत ही विरल अन्दाज में रखती हैं।

अपनी पहली कविता में वह यहाँ की वन-सम्पदा, पारम्परिक कल्चर आदि के क्षरण को यूँ अभिव्यक्त करती हैं, 'पुटुस तक को/उखाड़कर ले जाएँगे लोग/और तब/ तुम खोजोगे उसकी बची हुई जड़ों में/अपना झारखंड/ हँड़िया और दारू से सींच कर/क्या किसी ने/उगाया है—कोई जंगल?' कविता की अन्तिम पंक्ति बहुत ही वेधक है जो झारखंड की आदिवासी बिरादरी की पारम्परिक बुराई को सवालिया लहजे में तल्खी के साथ उद्‌भेदित करती है। यह एक बहुत ही उद्‌देश्यपरक और गहरी सदिच्छा से लिखी गई कविता है जो आदिवासी समाज के पूरे जीवन दर्शन को प्रतिबिम्बित करती है। कविता की समापन पंक्ति गौर करने लायक है: 'और अगर अब भी तुम्हारे हाथों की अँगुलियाँ थरथराईं!/तो जान लो/मैं बनूँगी एक बार और/ 'सिनगी दई'/ बाँधूँगी फेंटा /और कसेगी फिर से/बेतरा की गाँठ/और होगा/ झारखंड में/ फिर एक बार/ एक जबरदस्त जनी शिकार!'

ग्रेस कुजूर ने अपनी कविताओं में समाज, व्यवस्था और उससे उपजी विसंगतियों के कई कोने अँतरे को एक जेनुअन आदिवासी की निगाह से अपनी कविताओं में दर्ज किया है। इसलिए उनकी इन कविताओं को पढ़ना आदिवासियत की साझी परम्परा को आत्मसात् करना भी है।

सम्पर्क : होली डे होम के निकट, कांके रोड,
राँची, 834008 (झारखंड)

एक और जनी-शिकार

कहाँ है वह फुटकल का गाछ
जहाँ चढ़ती थी मैं साग तोड़ने
और गाती थी तुम्हारे लिए
फगुआ के गीत
जाने किधर है
कोमल पत्तियों वाला
कोयनार का गाछ
जिसके नीचे तुम
बजाया करते थे
माँदर और बाँसुरी?

कहाँ गई वह सुगन्ध
महुआ और डोरी[1] की
गूलर और केयोंद[2] की
कहाँ खो गया बाँसों का संगीत
और जाने कहाँ जड़ गई
'संधना'[3] की सुगन्ध?

सखुआ[4] की पत्तियों में
किसने किए हैं सूराख

---

1. महुआ का बीज
2. एक मीठा फल
3. करील
4. सामुदायिक सांस्कृतिक स्थल

कैसे बीनूँगी उनकी पत्तियाँ
कैसे सीऊँगी दोना और पतरी
अब तो बढ़ने लगे हैं
दातून भी/टेढ़े मेढ़े

संगी रे
कितने चमकते थे
पटवा में खोंसे हुए तुम्हारे
उजले पंख-बगुले के
और कितना लहरता था
अखड़ा[1] में नाचते वक्त
तुम्हारी तोलोंग[2] का फुदना
कितना सुकून पैदा करती थी
रात के सन्नाटे में
माँदर की थाप
और हवा में घुलते
'अँगनई'[3] और 'डमकच'[4] के गीत

अब कहाँ है वह अखड़ा?
किसने उगाए हैं वहाँ विषैले नागफनी
बार-बार उलझता है जहाँ
तुम्हारी 'तोलोंग' का फुदना
क्यों उदास है आज
'पटवा'[5] के उजले पंख?
हवा में नहीं तैरते अब
'अँगनई' और 'डमकच' के गीत

---

1. शाल वृक्ष
2. कमर में पहनने वाला आदिवासी पुरुषों का पारम्परिक वस्त्र
3-4. झारखंडी रागों के नाम
5. सनई फूल का रेशा

सिल गए हैं होंठ मेरे
धतूरे के काँटों से...

मेरा जूड़ा बहुत सूना लगता है संगी
सरहुल के फूलों बिना
और लगता है कहीं अटक गया है।
किसी डाल पर 'करमा' के गीत
नहीं सुनाई पड़ता है अब
बारिश की बूँदों का वह
पत्तियों से झरता हुआ संगीत
नहीं है 'टोकी'[1] में अब
'पियार'[2] और 'पिठोर'[3] की मिठास
न 'खुखड़ी'[4] न 'रूगड़ा'[5]
न घोंघी और केकड़ा
नहीं बुझती अब प्यास
'काँदो' हो गया है
डाड़ी[6] और चुआँ का पानी

संगी रे
न जाने कौन से देश उड़े
क्षितिज के पार वे
हरे खेतों में विचरते बगुले
नहीं खेलती झूमर अब
'डोभा'[7] के पानी में
'गीतू और 'बुदु' मछलियाँ
फँसने लगे हैं क्यों

---

1. छोटी टोकरी
2-3. गर्मी में फलने वाले मीठे रसदार फल
4-5. मशरूम
6. खेत के कोने में बना छोटा कुआँ
7. ऊपरी खेत से बहकर निचले खेत में जमा पानी

'कुमनी' में ढोंढ़[1] बहुत दुमुँहे ?
और बार-बार फिसलने लगी है क्यों
हथेलियों से जिन्दगी यहाँ
माँगुर[2] की तरह ?

हे संगी
क्यों घूमते हो
झुलाते हुए खाली गुलेल
जंगल-पहाड़, नदी-ढोढ़ा[3]
तुम्हारी गुलेल का गोढ़ा[4]
डूबते हुए लाल सूरज की तरह
अटक गया है
टहनी में
क्या तुम्हें अपनी धरती की
सेंधमारी सुनाई नहीं दे रही ?
क्या अब भी निहारते हो
अपने को
दामोदर और स्वर्ण रेखा के
प्रदूषित जल में ?
किसने की है चोरी
भिनसरिया में ढेंकी के संगीत की
और उखाड़ी है किसने
'आजी' के जाँता की कील को ?
किसने किए हैं बदरंग
जीवन को—
कत्थ के वन में ?

---

1. एक विषहीन साँप
2. एक मछली
3. नाला
4. गुलेल के लिए छोटा पत्थर

और—
होंठों तक आकर सुलगने से पहले
धुआँने लगी है क्यों
केंदू की पत्तियाँ?

पुटुस[1] तक को
उखाड़कर ले जाएँगे लोग
और तब/तुम
खोजोगे उसकी बची हुई जड़ों में
अपना झारखंड
हँड़िया और दारू से
सींच कर
क्या किसी ने
उगाया है—
कोई जंगल?

हे संगी!
तानो अपना तरकस
नहीं हुआ है भोथरा अब तक
'बिरसा आबा का तीर'
कस कर थामो
टहनी पर अटके हुए
सूरज के लाल गोढ़ा को
गला दो अपनी हथेलियों की
गर्मी से
और फैला दो झारखंड की फुनगियों पर
भिनसरिया में उजास
चटकने से पहले
बेध डालो

1. झारखंड में मिलने वाला एक झाड़ीदार पौधा

हाँ, बेध डालो
दामोदर और स्वर्णरेखा को
काली नागिन बनने से पहले
कि देख सको तुम
उसके निर्मल जल में सिर्फ
मछली की आँख
अर्जुन की तरह

और अगर—
अब भी तुम्हारे हाथों की
अँगुलियाँ थरथराईं!
तो जान लो
मैं बनूँगी एक बार और
'सिनगी दई'[1]
बाँधूँगी फेंटा
और कसेगी फिर से
बेतरा[2] की गाँठ
और होगा
झारखंड में
फिर एक बार
एक जबरदस्त जनी-शिकार।

1. आदिवासी स्त्री योद्धा जिसके नेतृत्व में आदिवासी महिलाओं ने रोहतास गढ़ में दुश्मनों से लोहा लिया था। उस स्त्री युद्ध की स्मृति में प्रत्येक 12 वर्ष के अन्तराल पर 'जनी (स्त्री)-शिकार' मनाने की परम्परा चली आ रही है।
2. बच्चों को पीठ पर बाँधने का कपड़ा

आग

अनुकम्पा के रूप में
'एतवरिया उराइन'
नहीं चाहती
दफ्तरों में बाबुओं को पानी पिलाना,
चाय लाना,
और न ही चाहती है
अफसरों की फाइलें ढोना।

वह दफ्तर के लॉन में
सिर झुकाए, घूँघट काढ़े
नहीं चाहती रोपना
हरी-हरी दूब,
और न ही चाहती है
छँटनीग्रस्त होना।

इसलिए
एतवरिया उराइन, चलाती है
शावेल
शर्ट, पैंट, टोपी पहने
ओपन माइन्स में।
हर विस्फोट के फुर्ती से
शावेल की स्टेयरिंग सँभालती
टनों कोयले उठाती

इन-पिट क्रशर में डालती
एतवरिया—
सुन नहीं पाती
अपनी चूड़ियों की खनक।
नहीं बिठा पाती सही जगह
पसीने से भीज गई माथे की बिन्दी
इन-पिट क्रशर से निकल
कन्वेयर बेल्ट पर जाते देखती है
जब छोटे टुकड़े कोयलों को
सोचती है
वह भी कभी साबुत थी।
लेकिन वह यह भी जानती है
छोटे टुकड़ों में लगती है जल्दी
आग!!

धार के विपरीत

ऐसा क्यों होता है
कि गाँव की काकी के खेतों में
कोई हल नहीं चलाता।
और घर के उसके टूटे छप्पर से
बारिश के दिनों में
झरता है पानी
झर...झर...झर...

लेकिन कल जोरदार बारिश हुई है
नदी नालों में बहते
पानी की तेज धार के विपरीत
उसके आँगन तक।

'छत चढ़ने का अधिकार नहीं'
यह जानते हुए भी
चढ़ जाती है काकी
छत छारने...

प्रतीक्षा

चुप क्यों हो संगी?
कुछ तो कहो!
पैरों के नीचे धरती के अन्दर
कोयले के अन्तस में छुपी
आग के बावजूद
इतनी ठंडी क्यों है, तुम्हारी देह?

झारखंड की
विशाल पट्टिकाओं में रेंगते
ताँबे के तार।
क्या तुम्हारी रगों में नहीं दौड़ते
लोहे की धरती का पानी?
पीने के बावजूद
हवा के एक झोंके में उड़ जाते हो।
आसाम-भोटाँग, ईंट-भट्ठा
और महानगर

थर्मल पावर के दूधिया प्रकाश
और
जादूगोड़ा के जादुई चिराग तले
करंज तेल की ढिबरी लिए
मन के किस अँधेरे में
भटक रहे हो संगी?

जल, जंगल, जमीन के बिना
साल वन के जीवन का व्याकरण
किन पंडितों के हाथों
तुमने गिरवी रखी है संगी?
कोटरों से निकल अपने
साल वन के सुग्गे भी
पूछ रहे हैं
अपने होने का पता
तुम्हारे उत्तर की प्रतीक्षा में।
संगी
अब भी खड़ी हूँ मैं
चट्टान में खड़े,
इकलौते साल-वृक्ष की तरह
जो चुपचाप सींच लेता है
अपने हिस्से का पानी।

गाँव की मिट्टी

पगडंडियों से होकर चलते वक्त
पाँवों से लिपटी
गाँव की मिट्टी ने कहा था
बेटे!
रहने देना चरणों में यह धूलि
शहर की कोलतार भरी सड़कों पर
चलते वक्त
यह बचाएगी तुम्हें—
कालिख चिपकने से।

रेशमी सपने

तसर के कोकुन से
रेशम के धागे निकलते देख
वे कितनी खुश थीं
किसी ने थमाए थे हाथों में उनके
तसर के कोकुन।

उन्हें बताया गया था
कोकुन में छेद मत होने देना
कि तितलियाँ निकलेंगी
धागे टूटेंगे और नहीं बनेंगे
रेशम के कपड़े।

तब से आज तक
सुगनी, मँगरी और बुधनी थामे हुई हैं कोकुन
उन्हें नहीं पता
रेशम से निकला पहला छोर
कहाँ तक पहुँचा होगा?
किस तन से लिपट रहा होगा?

वे देखती हैं
आँखों के सामने तैरती
रेशमी रेखाएँ
उन रेखाओं से बँध कर उड़ने की चाह में

निकलते जाते हैं वे
रेशमी धागे
लेकिन
जब तक वे उसका अन्तिम छोर पकड़तीं
रह जाते हैं हाथों में उनके
मरे हुए
लिजलिजे लार्वा।

बिचौलियों के बीज

माँ!
मेरा बचपन तो
तुम्हारी पीठ पर बँधे बीता—
जब तुम घास का भारी बोझ
सिर पर रखकर
शहर को जाती थी।

जब भी आँखें खोलता
घास की गठरी तुम्हारी
मेरी छाँह होती
और धूप में गुमसाए
घास की गन्ध
मेरे नथुनों में समा जाती।
यह जरूर था कि तुम्हारी घास खाकर
बहुत दूध देती थी गाय
लेकिन मेरे पंजरों को गिनकर
क्या कह सकती हो
कि तुमने मुझे भरपूर दूध पिलाया था।
जब तुम मुझे पीठ पर बाँधकर
हँड़िया बेचने जाती
मैं उसकी गन्ध से मात कर सो जाता था।
रोता था भूख से जब,
पिला देती थी, एक दोना हँड़िया

उसी खुमारी में
भीज गया बचपन,
भीज गया यौवन
भीज गई नस-नस
और
मदहोश होते रहे सपने।
नीम बेहोशी में।

माँ!
मैंने तो हमेशा तुम्हारी पीठ को जाना
तुम कितनी सुन्दर हो?
यह कभी नहीं देखा
सुनता रहा सिर्फ
तुम्हारी खूबसूरती!
काले हीरे-सा दमकता
तुम्हारा रूप!
स्वर्ण रेखा-सी खिलखिलाती
तुम्हारी हँसी।
आज
जब तूने बदली है करवट
मेरे-तुम्हारे बीच
उग आया है एक फासला
और न जाने वहाँ कौन तो बो गया
बिचौलियों के बीज?

बौना संसार

जब-जब और को
धरती के नीचे तक दबना पड़ा है
तब-तब
अंकुरित हुई है वह
जब कभी तुम हारे-थके
पथिक की तरह
आगोश में आए हो उसके
तब-तब बरगद-सी हुई है वह
लेकिन तुम्हें उसका बरगद होना
अच्छा नहीं लगता
तुम
कैद कर देते हो उसे
गमले में किसी बोनसाई की मानिन्द
इसके बावजूद यह फूलती है
फलती है
और तुम उसके
इसी बौनेपन में कितने खुश हो
ओह...
कितना बौना है यह आदमी
और उसका बौना संसार!

मेरा आदम मुझे लौटा दो

दोनों थर-थर काँप रहे थे
दीवारों को कान लगाए
बड़े गौर से जाँच रहे थे
ईंट पत्थर एक-एक कर
ढह रहे थे
या कि ढहाए जा रहे थे
लेकिन दोनों
तहखाने के
अँधेरे क़ोने में दुबके
साँसें भींच रहे थे
कुदालों और गैतों की
हर आवाज पर
रुक-रुक जाता था
जिस्मानी नसों का लहू

बाहर भयानक शोर था
और थी हवा में तलखी
हजा़रों जोड़ी मुट्ठियाँ
इन मुट्ठियों में
ताकत थी या आक्रोश
यह तो नहीं मालूम
लेकिन वे नहीं थे
जो तहखाने के नीचे

एक-दूसरे से लिपटे
थर-थर काँप रहे थे
और अचानक भरभराकर
इतिहास एक बार फिर
सूने पृष्ठों की तरह
पसर गया धरती पर
लिखे जाने के लिए
एक बार और

आज फिर हो रही है खुदाई
गैंते और गँड़ासे
फिर चल रहे हैं
लोग खड़े हैं साँस रोके
आज कँपकँपी तहखाने में नहीं
बाहर है
इतिहास ऊपर नहीं
नीचे है
मुट्ठियाँ आज हवा में नहीं तैर रहीं
बल्कि चुपचाप
देश में सरगोशियाँ कर रही हैं
इसके साथ ही उभर आए
मिट्टी के ढेर पर
एक-दूसरे से गुँथे हुए
दो कंकाल

भीड़ हतप्रभ
उभर रहा था एक ही सवाल
कौन राम? कौन अल्लाह?
कौन किसका कंकाल
तभी भीड़ को चीरते हुए

बेतहाशा हाँफते हुए
'हौवा' एक बार फिर चिल्लाई थी
'मेरा आदम मुझे लौटा दो।'
'मेरा आदम मुझे लौटा दो।'

कलम को तीर होने दो

शाखें हो गईं कमान
सब कोंपल तीर
देखना बाकी है कलम को तीर होने दो

उगल रही धरती आग है
धुआँ हमने पीया है
बूँद-बूँद को तरसे लोग
बूँद बहाकर जीया है
नदियाँ हो गईं कमान सब पर्वत तीर
देखना बाकी है कलम को तीर होने दो

वे लूटने-लुटाने आए
हम गए परदेश
धरती उजड़ी जंगल उजड़े
रह गया क्या शेष ?
झाड़ियाँ हो गईं कमान सब बिरवे तीर
देखना बाकी है कलम को तीर होने दो
कोयले की धूल में
सोए हैं पाँव
कन्धों पे अपने ही
ढोए हैं गाँव
देह हो गई कमान सब आहें तीर
देखना बाकी है कलम को तीर होने दो

ईंटों के भट्ठों में
सीझ गई जिन्दगी
रोटी की खोज में
कहाँ नहीं भगी
बाँहें हो गईं कमान सब अँगुलियाँ तीर
देखना बाकी है कलम को तीर होने दो

अँगनई और डमकच
हवा में नहीं बोल रहा
भूखा है शहर
गाँवों को लील रहा
गलियाँ हो गईं कमान सब आँगन तीर
देखना बाकी है कलम को तीर होने दो

क्या कर लेंगी उनका
बन्दूक और गोलियाँ
लाँघते ही देहरी
हजारों कहानियाँ
नस-नस हो गई कमान सब लहू तीर
देखना बाकी है कलम को तीर होने दो।

अमन की संजीवनी

याद आता है मुझको वह दिन
जब पहली बार तुम सरके थे
पेट के बल मचल-मचल कर कई बार तुम लुढ़के थे
तब हम सब बहुत हँसे थे
सामने रखी गेंद
जब कभी तुम लेने को मचलते
लुढ़क जाती थी वह आगे की ओर
तब तुम खीज कर और तेजी से सरक जाते थे
बटालिक-द्रास और कारगिल की पथरीली पहाड़ियों पर
आज सरकते देख तुम्हें
याद आता है मुझे वह दिन
जब पहली बार तुम सरके थे
बस्ते का बोझ उठाए
तुम्हारे मासूम कदमों ने क्या कभी सोचा होगा
कि कल मीलों चलना है ?

लेकिन आज तुम्हारी पीठ पर
बस्ते का बोझ नहीं
बोझ है तो सिर्फ थोड़े से गर्म कपड़े
खाने की कुछ सूखी चीजें
कुछ गोली, कुछ बारूद
कन्धे पर है भारी बन्दूक
इंच दर इंच सरकते

दुश्मनों की गोलियों से बचते
छिल गए हैं तुम्हारी कुहनी और घुटने
रिसते हुए तुम्हारे जिस्म के लहू ने
द्रास-कारगिल और बटालिक के पत्थर-पत्थर पर
लिख डाले हैं तुम्हारे नाम

सरहद की तमाम पहाड़ियों को
सींचा है तुम्हारे लहू ने इतना
और उगाई है हम सब के लिए
अमन की वह संजीवनी बूटियाँ
कि मूर्च्छित किसी लक्ष्मण के लिए
इन पहाड़ियों को उठा तो क्या
हिला भी नहीं सकता
कोई बजरंग बली!

कलम मौसम बदलेगी

मिसाइलों और तोपों की आवाज
अब कानों को सुनाई नहीं पड़ती
सुनाई पड़ती है
तो सिर्फ गर्म रेत पर गिरते हुए
तुम्हारे लहू की आवाज
सिहर-सिहर उठती हैं
जिस्मानी नसें और
धमनियों में कहीं अटक जाता है
लहू का एक कतरा अब रेगिस्तान में
रेत की आँधियाँ नहीं चलतीं
रेत गीली हो गई है
इनसानियत के लहू से
अब खजूरों की तमाम शाखें
लहू के भार से झुक गई हैं
रेगिस्तान के सूने पन्नों पर
इतिहास के काले अक्षरों को दुहराने
लेकिन ऐ अमन के परिन्दो
एक बार खजूरों के देश हो आओ
लाओ वहाँ से हम सब के लिए
मीठे खजूरों की गुच्छियाँ
तेल की धार न देखो
देखो कलम की धार

तुम्हारे लिए
हाँ तुम्हारे लिए
कलम मौसम बदलेगी
कलम मौसम बदलेगी।

प्यारी टूटी

पहाड़ की आड़ में थी
नदी की धारा में खेली
जंगल के फलों में पली
हवा का रुख बदल गया
नदी की धारा कट गई
जंगल वीरान हो गया

प्यारी टूटी

प्यारी टूटी का जन्म 1951 में जानुडीह (खूँटी) के एक मुंडा परिवार में हुआ। इनके पिता का नाम दास मुंडा तथा माँ का नाम पार्वती है। बचपन में ही प्यारी के पिता का देहान्त हो गया जिससे उनका बचपन बेहुत कठिनाइयों में बीता।

प्यारी टूटी को बचपन से ही पढ़ने का बहुत मन था। उन्होंने बगल के एक गाँव कुजराम के रात्रि पाठशाला में जाना शुरू किया। वहाँ वे तीसरी कक्षा तक पढ़ीं। उसी समय उनकी माँ का भी देहान्त हो गया। आठवीं तक पढ़ाई करने के बाद उनका दाखिला कस्तूरबा गांधी बालिका उच्च विद्यालय, लोहरदगा में हुआ।

उसी समय उनका विवाह मुंडारी भाषा-साहित्य के विद्वान दुलाय चन्द्र मुंडा के साथ हो गया। जो आगे चलकर मुंडारी कवि के रूप में ख्यात हुए। लेकिन शादी के बाद प्यारी टूटी पर घर-परिवार की जिम्मेदारी आ गई। तब वे दसवीं में थीं। नतीजतन बीच में ही उन्हें पढ़ाई छोड़नी पड़ी। उनके चार बच्चे हुए। 1976 में उनके पति को जे.एन. कॉलेज, धुर्वा (राँची) में प्राध्यापक की नौकरी मिली। जिससे घर-गृहस्थी का आर्थिक पक्ष सुधरा। परन्तु नौकरी मिलने के छह वर्ष के कम समय में ही 1982 में उनके पति की असामयिक मृत्यु हो गई। इससे एक बार फिर प्यारी टूटी और उनके बच्चों का जीवन, घर-परिवार संकट में आ गया। खैर, उन्हें जल्दी ही अनुकम्पा के आधार पर बिरसा कॉलेज खूँटी में नौकरी मिल गई।

बच्चों के पालन-पोषण के साथ ही प्यारी ने अपने जीवन को फिर से सहेजना शुरू किया। उन्होंने दोबारा पढ़ाई शुरू की। इसके बाद मैट्रिक, आइ.ए., बी.ए., एवं एम.ए. के साथ-साथ बी.एड. भी किया। बच्चों को पढ़ाया-लिखाया और उन्हें योग्य बनाने में कोई कसर नहीं रखी। फलस्वरूप नौकरी में रहते हुए ही उनके चारों बच्चे भी नौकरी में लग गए। लेकिन संघर्ष

के इस दौर में उनका सृजन लगभग स्थगित ही रहा। बीच में छिटपुट ढंग से जरूर आकाशवाणी और 'आदिवासी' पत्रिका में लिखती रहीं।

2011 में सेवानिवृत्ति के पश्चात् प्यारी टूटी ने फिर से लिखने की दूसरी पारी की शुरुआत की है। वे मुख्यतः मुंडारी में लिख रही हैं जो मुंडारी पत्रिका 'संगोम' में प्रकाशित हुई हैं। मुंडारी में प्यारी ने दो छोटी किताबें भी लिखी और प्रकाशित की है। पहली पुस्तक 'मुंडारी कवियों की जीवनी' है और दूसरी मुंडा समाज के रीति-रिवाज के बारे में है।

इस संकलन में उनकी मात्रा तीन ही कविताएँ हैं। पहली कविता का हिन्दी शीर्षक उन्होंने 'पर्यावरण' दिया है जबकि दूसरी कविता, जो शायद आकाशवाणी की फरमाइश पर लिखी गई होगी, का शीर्षक 'बाढ़' है। बाढ़ में लगातार बढ़ रही जनसंख्या को विषय बनाया गया है। जबकि जनसंख्या की समस्या आदिवासी समाज की नहीं है। भारत देश की समस्या है। कविता की पंक्तियाँ देखिए—'घर-आँगन कोना-कोना में / बाढ़ का पानी भर गया... चलने-फिरने की जगह बाढ़ ने ले लिया।' यह आदिवासी सहजता है जो जनसंख्या जैसी समस्या को भी अपने आँगन-परिवेश के बिम्ब से व्यक्त कर रही है। 'पृथ्वी के चारों हिस्सों में / बाढ़ का पानी भर गया...।' यह महज जनसंख्या की चिन्ता नहीं है। समूची समष्टि की चिन्ता है। प्यारी टूटी जलप्रलय की उस पारम्परिक आदिम अभिव्यक्ति को फिर से यहाँ रचती हैं, जो नए समाज की सृष्टि के लिए अनिवार्य है।

'पर्यावरण' कविता में वे उस सुरक्षा और संरक्षण को याद करती हैं, जिनके बीच आदिवासी जीवन निर्द्वन्द्व और निर्भय रहता है। जहाँ से आदिवासी जन और समाज को साहस मिलता है। पंक्ति है—'पहाड़ की आड़ में थी / नदी की धारा में खेली।' आगे वे कहती हैं—'हवा का रुख बदल गया / नदी की धारा कट गई।' क्या यह महज पर्यावरण की चिन्ता है? नहीं, यह जीवनदायिनी प्रकृति और इनसानी समाज यानी समूची समष्टि की आदिवासी चिन्ता है। यह झारखंड जैसे आदिवासी इलाकों और जनजीवन में हो रहे सांस्कृतिक घुसपैठ और विश्वव्यापी धनलोलुपता का वर्णन है।

सम्पर्क : जामडीह, खूँटी (झारखंड)

पर्यावरण

हे पहाड़ देवता
हे नदी माता
हे जंगल राजा
पहाड़ टूट गए
नदी सूख गई
जंगल कट गए
किसकी मैं पूजा करूँ
किससे मैं प्यास बुझाऊँ
किसकी मैं सेवा करूँ

पहाड़ की आड़ में थी
नदी की धारा में खेली
जंगल के फलों में पली
हवा का रुख बदल गया
नदी की धारा कट गई
जंगल वीरान हो गया

मैं अनाथ हो गई।
मैं प्यासी हो गई
मैं भूखी रह गई।

बाढ़

बाढ़ आया बाढ़ आया
दिन-रात पानी आया
घर-आँगन कोना-कोना में
बाढ़ का पानी भर गया
बाजार या मेला में
बाढ़ का पानी भर गया
चलने-फिरने की जगह बाढ़ ने ले लिया।

माता-पिता की चिन्ता बढ़ गई।
भर गया घर-आँगन बच्चों से
खाने के लिए दाने नहीं
पहनने के लिए कपड़े नहीं
एक-दूसरे पर झपट पड़ते हैं
कुत्ता बिल्ली की तरह
नंगे बन दौड़ रहे हैं
पागलों की तरह

पृथ्वी के चारों हिस्सों में
बाढ़ का पानी भर गया
जनसंख्या रूपी बाढ़ से
धरती जलमग्न हो गई।

युग तुम्हें पुकार रहा

युग तुम्हें पुकार रहा है
आँख खोलो
औरों की भी आँखें खोलो
कब तक बन्द किए रहोगे?

युग तुम्हें पुकार रहा है
उठो
उठाओ
कब तक सोए रहोगे?

युग तुम्हें पुकार रहा है
आगे बढ़ो
बढ़ने दो
कब तक पीछे ही मुड़ते रहोगे?

युग तुम्हें पुकार रहा है
लोगों के पंख हो गए हैं
चन्द्रमा पर भी चढ़ गए हैं
हाय! कब आँख खोलोगे?

डॉ. फ्रांसिस्का कुजूर

एक दिन जख्मी मन में उठा तूफान
राख में भड़की चिनगारी
महसूसा उसने
क्या मैं दीवार हूँ
जिसमें ठोंक दो तुम काँटी
घर में ही बन जाऊँ शिकार
क्या यही है मेरा वजूद ?

डॉ. फ्रांसिस्का कुजूर

डॉ. फ्रांसिस्का कुजूर का जन्म 21 सितम्बर, 1959 को गुमला जिले के पुग्गु खोपाटोली गाँव में एक आदिवासी उराँव परिवार में हुआ। वे अपने पिता दिवंगत जोहन कुजूर और माता श्रीमती सिबिरिया खेस्स की तीसरी सुपुत्री हैं। आर्थिक तंगी के कारण माँ-बाप को मेहनत-मजदूरी करके सात बच्चों की परवरिश करनी पड़ी। फ्रांसिस्का ने पढ़ाई जारी रखने के लिए मजदूरी की। उर्सलाइन कॉन्वेंट गुमला से मैट्रिक करने के बाद वह उच्च शिक्षा के लिए राँची आ गईं। यहाँ गुमला कॉलेज में पढ़ने लगीं। 1979 में इतिहास प्रतिष्ठा के साथ स्नातक किया। उच्च शिक्षा जारी रहे इसके लिए उर्सलाइन कॉन्वेंट में प्राइवेट टीचिंग किया। उनका यह संघर्ष रंग लाया और वह 1981 में परमवीर अल्बर्ट एक्का कॉलेज चैनपुर में व्याख्याता नियुक्ति हुईं। इसी दरमियान एल.एल.बी. एवं पी-एच.डी. की डिग्री पाईं। 1996 में डॉ. कुजूर श्री आर.के. महिला कॉलेज गिरिडीह में व्याख्याता पद पर नियुक्ति हुईं। कुड़ुख भाषा के प्रचार-प्रसार एवं विकास के लिए शुरू से ही समर्पित रहीं फ्रांसिस्का कुड़ुख भाषा बींडरना जैसे संगठनों से जुड़ी हुई हैं। वर्तमान में वह बिनोवा भावे विश्वविद्यालय के स्नातकोत्तर इतिहास विभाग में वरीय व्याख्याता हैं।

2005 में डॉ. फ्रांसिस्का का कविता संकलन 'कुड़ुख की अनुगूँज' (कुड़ुख कविता-संग्रह) नाम से प्रकाशित हुआ। इसके बाद उनकी कई पुस्तकें प्रकाशित हुईं जिनमें 'बरचा ओंटा रंफ' और 'झारखंड ओंद नजइर', 'राजा अर्जुन सिंह ऑफ पोराहाट', 'प्रभु ने मुझे गौरवान्वित किया', 'उढ़ियारा पिंजड़ा ता मयना'(कुड़ुख कहानी-संग्रह), 'मूसल' (हिन्दी कहानी-संग्रह), 'उराँवों की बिरासत रोहतासगढ़', 'बीसवीं सदी में अंडमान निकोबार' मुख्य हैं। इन्होंने हिन्दी पुस्तक 'पठार की सुनो' (विद्याभूषण का कविता-संग्रह) का कुड़ुख अनुवाद किया है। रेडियो स्टेशन राँची व हजारीबाग से उनकी कहानियाँ व कविताएँ 1978 से लगातार प्रसारित होती रही हैं।

कुड़ुख एवं हिन्दी दोनों भाषाओं में सक्रिय फ्रांसिस्का कुजूर आदिवासी समाज के मनोभावों के विभिन्न आयामों को अपनी कविताओं में सँजोती हैं। अपने पुरखों और समकालीन रचनाकारों की तरह ही आदिवासी समाज के सवालों को उठाती हुई वे कहती हैं : 'हम रोज राह देखते कब पहुँचेगा विकास/कब तक हम भी जुड़ेंगे विकास के संग।' यह सवाल झारखंड के लिए कुछ ज्यादा ही अहमियत रखते हैं, क्योंकि लम्बे संघर्ष के जिस उद्देश्य से यह प्रान्त अलग हुआ था उसमें आदिवासियों के जीवन स्तर में आमूल-चूल बदलाव का सपना शामिल था। लेकिन शासक वर्ग के अवसरपरस्त नेतृत्व ने इस अल्पावधि में ही जिस तरह के विकास की रूपरेखा खींची उसमें आदिवासियों की वे सारी आकांक्षाएँ धूल-धूसरित हो गईं।

फ्रांसिस्का कुजूर की कविताएँ एक स्त्री सुलभ संवेदना की भी कविताएँ हैं। उनकी कविताओं में-अपनी भाषा और समुदाय दोनों के प्रति गहरे और बारीक प्राउडनेस का भाव है। कवयित्री का यह एप्रोच उनके समकालीनों में किसी के पास नहीं है। यह सही है कि उनकी कविताओं पर हिन्दी कविताओं का प्रभाव गाढ़ा है, लेकिन उसमें आदिवासियत की सोंध भी कम नहीं। अपनी एक कविता में वह लिखती हैं, 'चको न केवल बोथड़े कुल्हाड़ी को/चको अपने बोथड़े दिमाग को।'

इतनी असरदार पंक्ति वही कवि बरत सकता है जिसे अपने समुदाय से गहरी अन्तरंगता हो। जीवन के लिए भाषा और भाषा के लिए जीवन कितना अनिवार्य है यह भाव उनकी एक कविता में गजब अन्दाज में अभिव्यक्त होता नजर आता है। कवयित्री लिखती हैं, 'भाषा गई, पहचान गई, अस्मिता गई/बनो तुम अपनी मातृभाषा के प्रहरी/कभी मत भूलो भाषा की महत्ता/जो देता समाज को जीवन झरना/यदि भाषा हो जाएगी समाप्त/तो हम भी झड़ न जाएँगे सूखे-पत्ते समान।' इस और इस तरह की कई कविताओं के साथ ही कुछ खास चरित्रों पर लिखी गई उनकी कविताएँ भी एक अलग किस्म के बरताव के कारण महत्त्वपूर्ण बन पड़ी हैं। ऐसी कविताओं में 'दीदी', 'दूर का ढोल सुहावना' और 'दादी का हुक्का' उल्लेख्य हैं।

निसन्देह फ्रांसिस्का कुजूर इस आधुनिक समय में आदिवासी अस्मिता की एक प्रमुख कवयित्री हैं जो कविता में आदिवासी उपस्थिति को नितान्त नए अन्दाज में दरपेश करती हैं।

सम्पर्क : स्नातकोत्तर इतिहास विभाग,
विनोबा भावे विश्वविद्यालय, हजारीबाग (झारखंड)

पहाड़ की बेटी

ऊँची-नीची पर्वतों की तराइयों में
नन्हे भाई को पीठ में बेतराकर
खेलती है मस्त प्रकृति के संगी
भागती-दौड़ती मवेशियों के पीछे
चंचल चितवन नन्ही-सी
पहाड़ के पीछे

आँवला महुवा फल फूल कन्द मूल
खाकर मिटाती है भूख की आग
झरने का जल पीकर मिठाती है प्यास
पत्ती तोड़ती दतवन तोड़ती चुनती है फल-फूल मशरूम
पहाड़ की बेटी

नदी के पानी में रूप निहारती
धूल से घरौंदा बनाती धूल फटकती खेलती
बसन्त बयार-सी उन्मुक्त खिलखिलाती
जब थक जाती सो जाती बेखबर
पेड़ों की छाया में भाई को पेट से सटाकर
पहाड़ की बेटी

कोयल की कूक दुहराती
आम मंजर का रस पीती पिलाती
लकड़ी चुनती दोना पत्तल झाड़ू बनाती

पहाड़ों में रोपती है अपनी पहचान
बोझा ढोकर शाम ढले नीचे गाँव आती
पहाड़ की बेटी
रुपयों की जुगाड़ में जाती मीलों दूर बाजार
कभी पैदल कभी बस तो कभी रेल
धक्कम धुड़ी गाली सहती
बेचती है अपने सामानों को कौड़ी के मोल
पहाड़ की बेटी

ठंड में ठिठुरती कोमल धूप में अँगड़ाई लेती
बारिश में भीगती जेठ में झुलसती
कंकड़-पत्थर धूल में भी सुख ढूँढ़ती
पेड़-पौधों के संग दुख बाँटती
समझती उन्हीं को अपना मूल रिश्तेदार
पहाड़ की बेटी

जरा सोचो तो हीरा

तुम्हारे खेत–खलिहानों में बन रहा है कारखाना
जिससे निकल रहा है काला धुआँ
बन रहे हैं विशाल अपार्टमेंट
जिसके पीछे छिप गई तुम्हारी झोंपड़ी
तुम्हारे ही गाँव में दौड़ रही हैं
चमचमाती देशी–विदेशी ठीकेदारों की गाड़ियाँ
जरा सोचो तो हीरा
चन्द रुपयों के लालच में बेच दिया
तुमने पूर्वजों की जमीन
फिर बहा दी रुपयों को महुवे के पानी में
रोते–बिलखते तुम्हारे बच्चे भूखे–नंगे
अँधेरे में डूब गया तुम्हारा गाँव
जरा सोचो तो हीरा
नहीं फटकतीं खेलती बच्चियाँ अब
गलियों की धूल में नहीं जातीं जंगलों में लकड़ी चुनने
जाती हैं महानगरों की ओर
नहीं चाहतीं काँदो खेत में रोपा रोपना
खो जातीं महानगरों की भीड़ में
जरा सोचो तो हीरा
तुम्हारे गाँव की सीमा पर
पेड़ कट रहे उजड़ रहा है जंगल
लकड़ी जा रही है नगरों–महानगरों में
जंगली जानवर आ रहे हैं गाँवों की ओर

तुम खामोश सब देख रहे हो हाथ पर धरे हाथ
जरा सोचो तो हीरा
झारखंड बना तुम्हारे लिए शासक भी हैं तुम्हारे अपने
फिर भी आँखें हैं तुम्हारी उदास
रहते हो दूर-दूर बेगाने से
समझो तुम हो इस धरती के लाल
बनो तुम बिरसा, जतरा, सिद्धो कान्हू लाओ उनकी कीर्ति
सोचो कैसे उठती है समाज में क्रान्ति
कैसे सुलगती है राख में चिनगारी
कैसे उठती है समुद्र में सुनामी
जरा सोचो तो हीरा
जरा सोचो तो हीरा!!

पलाश का फूल

होली का रंगीन सुहावना मौसम आया
झूम उठा पलाश का पेड़ हवा के झोंके से
सूरज के उगते ही झिलमिल चमकने लगी
ओस की बूँदें लाल गदराए पलाश के फलों पर
देख रही थी सोना झरोखे से बाहर
ललचाई नजरों से पलाश के सुन्दर फूलों को
व्हील चेयर को थोड़ा उचकाया
देख उसने एक बालक को तोड़ते हुए फूलों को
मन ललचाया माँगा उसने फूलों का गुच्छा
गोद में रखा सँवारा दुलारा मितवा की तरह
दिल से लगाया भीगा था शबनम से फूल
अचानक चौंक गई सोना काँप गया मन
हृदय की गहराई से निकले भीगे शब्द
प्रभु! कैसे भूल गए तुम
पलाश में खुशबू भरना
जैसे माँ भूल गई मुझको
पोलियो की खुराक पिलाना

घर लौटो

दादा (बड़े भइया) चले गए तुम परदेश
नगर की भाग-दौड़ में
चकाचौंध जीवन की उलझन में
भूल गए तुम गाँव का रास्ता
भूल गए जंगल पहाड़ नदी झरना
जहाँ खेलते थे हम गुल्ली डंडा
दौड़ते थे तुम चिड़ियों के पीछे गुलेल तानकर
जोतते थे खेत बाबा के संग
तन से आती थी मेहनत की खुशबू

मीलों दूर जाते थे तुम स्कूल
माँगते रहे साइकिल पर मिली नहीं
मिलती भी कैसे माँ बाबा तो
दो जून निवाले-वास्ते तन ढकने कपड़ा वास्ते
मेहनत करते थे दिन-रात
याद है मुझको सिखाया था तुमने
वर्णमाला लिखकर बालू पर
लिखती हूँ अब भी मैं भइया
मैं तो कभी जा सकी न स्कूल पर तुम
रोज स्कूल से लौटकर बताते थे मुझको
बिरसा सिदो-कान्हु सुभाष गांधी की कहानी
जाते समय कह गए थे
शीघ्र वापस आने की बात

खेत खलिहान नदी पहाड़ सूनी गलियाँ
देख रही हैं तुम्हारी राह
पहुँचेगी मेरी बातें तुम तक वीर समान
लौटोगे तभी तो थमेंगे माँ के आँसू

प्रश्न ही प्रश्न

राँची से मांडर के रास्ते
पहुँची मैं सिलागांई की सीमा पर
अचानक उठने लगा बरंडो धुका
अचानक सुनाई पड़ी गर्जन-तर्जन
मैं समझ गई ये तो है वीर बुधु का गाँव
वहीं बैठा एक नवयुवक
चक रहा था भोथड़े कुल्हाड़ी को
क्या मिला इस गाँव को वीर बुधु के नाम
सुना गुर्राया एक बुजुर्ग दिया जवाब
हम थकते नहीं सुना-सुनाकर उनकी वीर गाथा
लड़ाई की थी उसने अंग्रेजों से टिकोटाँड़ में
मार भगाया था दुश्मनों को कोइल नदी के पार
गर्व करते हैं हम सिलागांई में जन्म लेकर
चको न केवल भोथड़े कुल्हाड़ी को
चको अपने भोथड़े दिमाग को
हवा में उठी चिनगारी
युवक की आँखों में भी दिखने लगा जोश
राँची से खूँटी के रास्ते उलिहातु गाँव
वीर शहीद बिरसा मुंडा की थाती
पत्ती-पत्ती में लिखाया बिरसा का नाम
हवा में भी गूँज रही थी उलगुलान का गीत
डोम्बारी पहाड़ पर कभी बजा था उलगुलान का नगाड़ा
रमेश मुंडा ने मवेशी हाँकते-हाँकते कहा

झारखंड बना बिरसा के नाम
पर उलिहातु आज भी उपेक्षित हैं विकास के नाम

राँची से गुमला के रास्ते
कार्तिक बाबू का गाँव लिटा टोली
हल जोतते-जोतते कहा मँगरा उराँव ने
ऑफिसर आते हैं नापते हैं चौहद्दी
कहते हैं बनेगा इंजीनियरिंग कॉलेज
कार्तिक बाबू के समान पढ़ेंगे गाँव के बच्चे
पर वर्षों बीता हमारे सपने खो गए जोतल खेत में

गुमला से चैनपुर के रास्ते
परमवीर अल्बर्ट एक्का का गाँव जरी
शंख नदी के पार जंगलों के बीच
रस्सी बाँटते बाँटते कहा जुनस एक्का ने
सड़क बिजली पुल न अस्पताल
क्या ऐसा ही रहेगा अल्बर्ट एक्का का गाँव
हम रोज राह देखते कब पहुँचेगा विकास
कब तक हम भी जुड़ेंगे विकास के संग

मैं खड़ी थी प्रश्नों के ढेर पर
जवाब न था मेरी जुबान पर
तभी गलियों से बच्चों का झुंड निकला
जाने को स्कूल पाने को नई मंजिल
आँखों में जागी आशा की किरण
होंठों पर आया लब्जों का सैलाब

ये बच्चे ही तो कल बनेंगे
बुधु बिरसा कार्तिक और अल्बर्ट
पढ़ेंगे-लिखेंगे आगे बढ़ेंगे

समझेंगे ये शासन और शासक की बातें
समझेंगे शोषण और शोषक की बातें
समझेंगे ये जल जंगल और जमीन की बातें

तब आकाश भी लाल होगा पेड़-पौधे भी होंगे लाल
नदी का पानी भी उछलेगा
उलगुलान का बजेगा नगाड़ा
दौड़ेंगे ये ही बच्चे सबसे आगे
देखना जल्दी ही आएगा वह दिन
देखना जल्दी ही आएगा वह समय!!

मेरी मातृभाषा कुड़ुख

जाकर बताओ सबों को
कुड़ुख है मेरी मातृभाषा
कितनी प्यारी कितनी मधुर
कुड़ुख बोल-बतियाकर गौरव महसूसती हूँ
कुड़ुख भाषा ने ही बनाया अपनों को कर्मयोगी
उगाया गाँव-घर में अन्न-धन
भाषा का दीप जलाकर
चलो चलें हम ससम्मान जीवन डगर पर
भाषा है समाज का मेरुदंड
बचाता है जो समाज की संस्कृति
बचाता है जो अपनों की पहचान
समझो सभी कुड़ुख भाई-बहनों
भाषा के इस गूढ़ रहस्य को
भाषा गई, पहचान गई, अस्मिता गई
बनो तुम अपनी मातृभाषा के प्रहरी
कभी मत भूलो भाषा की महत्ता
जो देता समाज को जीवन झरना
यदि भाषा हो जाएगी समाप्त
तो हम भी झड़ न जाएँगे सूखे-पत्ते समान
आओ इस स्वर्णिम बेला में
जब उठी है आशा भाषा की
तो मिल-जुलकर गाएँ भाषा का गीत
जीवन के लिए भाषा, भाषा के लिए जीवन
आओ फैलाएँ भाषा की महिमा
आओ बढ़ाएँ भाषा की सीमा!!

हमें करना होगा

अपने पूर्वजों की भाषा, संस्कृति, उनकी भूमि
को समझना होगा
उनकी कीर्ति अतीत का गौरव
वापस लाना होगा
हल जुआ बैल के संग
खेतिहर बनना होगा उनकी विरासत
अस्मिता की रक्षा करनी होगी
हँड़िया दारू नशापान छोड़कर
सम्मानपूर्वक जीना होगा
खेत-खलिहान-पेड़ों को
कभी न बेचना, न काटना होगा
चींटी की तरह मेहनत करना होगा
मधुमक्खियों की तरह फूलों से रस चूसना होगा
दुख-दर्द-संकटों में अचल पर्वत-सा
अडिग खड़ा रहना होगा
तरुवर की छाया समान
सबको आश्रय देना होगा
नदियों की तरह अनवरत बहना होगा विकास पथ पर
झारखंड के धरती पुत्र-पुत्री बनकर
अपने हक के लिए उलगुलान करना होगा
बिरसा बुधु जतरा सिदो-कान्हू के बताए रास्ते
पर चलना होगा!!

चिनगारी

तितरी भाभी बड़ी प्यारी
काली घटा से लहराते बाल
हिरणी-सी चौकस आँखें मोती से दाँत
काम करती चुस्ती-फुर्ती से
निपटाती घर-बाहर का काम
जैसे बादल बरस कर चले जाते
गाना गाती अखड़ा गुंजार हो जाता
फिर भी रोती है छिपकर सिसक-सिसककर
कोसती है अपनी फूटी किस्मत
तलाशती है अपने ही घर में अपनी पहचान
पति शराबी, जुआरी, निकम्मा
खेत बेचकर पीता है शराब
विरोध करती खाती है लात-घूँसा
बच्चों को चटाई में समेटती सो जाती
एक दिन जख्मी मन में उठा तूफान
राख में भड़की चिनगारी
महसूसा उसने क्या मैं दीवार हूँ
जिसमें ठोंक दो तुम काँटी
घर में ही बन जाऊँ शिकार
क्या यही है मेरा वजूद?
कभी नहीं, कभी नहीं, चीत्कार उठी तितरी
फूटा अक्रोश दिया ईंट का जवाब पत्थर से
शराबी पति को होश आया

चीखी तितरी पूरे जोश से
आग लगा दूँगी शराब में
धरती मेरी आकाश मेरा
रोपूँगी अपनी पहचान कण-कण में
कभी न बहाऊँगी आँसू
नारी बदलेगी, बदलेगा शराब
पहचान गई मैं नारी शक्ति
हर नारी में छिपी है चिनगारी!!

दीदी

दीदी चली गई ससुराल
उड़ गई पिंजड़े के तोते समान
उड़ता होगा उसका आँचल
खेतों–खलिहानों और जंगलों में
मचलता होगा उसका मन
आने को माँ के आँगन
गूँथती थी मेरे लम्बे बाल
करती थी घर का सारा काम चरफर
कूटती थी ढेंकी मुर्गे के बाँग देते ही
उठकर डबकाती थी धान
फेंकती थी गोबर लाती थी पानी
लीपती थी घर–आँगन
अब भी निशान है इन्द्रधनुष समान
बुनती थी चटाई बनाती थी झाड़ू
माँदर में शोभ रहा है उनका कइलगा
कोने में पड़ा है चटाई बेनवा
ढेंकी में लटका है चावल भूसा
टोकरी में भी लटका है गोबर
तुम्हारी यादों की तरह
नाचती थी तुम अखड़ा में अगुवा जोड़ाकर
आज भी अखड़ा में गूँज रहा है माँदर
मेरा मन भी मचल रहा है जाने को अखड़ा
पैर थिरक रहे हैं नाचने को झूमर

पर दीदी जाऊँ तो जाऊँ कैसे
घर में पड़ा है सारा काम
सच मैं पारंगत नहीं हूँ कामों में
सिर्फ एक बार सिखा जाओ मुझे
घर का सारा काम!!

दूर का ढोल सुहावना

घुप्प अँधेरी बरसाती रात
सीलन भरी तंग कोठरी
टिप-टिप चूता था छत
जैसे हो पेड़ों की छाया
फूलो बैठी थी अपने भाई के संग
तभी काल ने घेरा
जहरीले साँप ने काटा भाई को
बुझ गया घर का चिराग
तभी से पक्के मकान की कामना
ले फूलो गई परदेश कमाने धन
माँ ने समझाया रो-रोकर
दूर का ढोल सुहावना
अपना मिट्टी का घर ही प्यारा
फिर भी अरमान सजाने
पहुँची दिल्ली की चकाचौंध में
फँस गई माया जाल में
छली गई बाजार में
चूर हो गए सपने लौटी राजधानी से गाँव
इसी तंग कोठरी में
निहारती रही रात भर छत
जहाँ से झाँक रही थी चाँदनी

फूलो ने महसूसा हृदय की गहराई में
मिट्टी की यह दीवार है मजबूत इतनी

जो बचाती है अपनों की मर्यादा
घर चौखट की महिमा निराली
समझ गई वह माँ की नसीहत
सच दूर का ढोल सुहावना!!

दादी का हुक्का

कोने में पड़ा है एक फूटा हुक्का
जो था दादी के सुख-दुख का साथी
फूटे चिलम में समाई है दादी की मीठी यादें
हुक्का गुड़गुड़ाते धुआँ उड़ाते
सुलझाती थी जीवन की गुत्थी
हुक्का गुड़गुड़ाते पीसती थी चक्की में मड़ुवा
गाती थी करमा सरहुल जेठवारी के गीत
दोना-पत्तल सीते-सीते मड़वा को करती थी गुंजार
लाठी टेकती जाती थी पुआल गाँज के पास
खुशी-खुशी गोल-गोल बनाती थी नेठो
गाँव की युवतियाँ ढोकर पानी लाती इतराती
बनाती थी दादी सुन्दर गुंगु
जो बचाता था मूसलाधार बारिश से
बुनती थी आकर्षक चटाई
लोग बैठकर पाते थे सुकून
झाड़ू बनाना सिखाती हर युवती को हाथ पकड़कर
गाँव भर की प्यारी दादी पुकली दादी
बताती थी पूर्वजों की जाति शिकार की गाथा
तारों के नीचे सुनाती थी अनोखी कहानियाँ
अचानक एक दिन हुक्का गुड़गुड़ाते
थम गई दादी की साँस
छोड़ गई गम का धुआँ
आज भी घर के हर कोने में

समाई है दादी की मीठी यादें
आज भी लोग गाते हैं दादी के प्रिय गीत
जसापुरियर बरोइयार
जसपुर के नर्तक, बरवे के नर्तक
हमारे बरवे के नर्तकों जैसा
नाच नहीं पाएँगे जसपुर के नर्तक
फूटे चिलम की तरह
अलग-अलग हिलते हैं वे लोग
जसपुर के नर्तक नाच नहीं पाएँगे

बरवे के नर्तकों की तरह
इसी लोकगीत में समाई है दादी की मीठी यादें
फूटे चिलम के साथ हुक्का पड़ा रहेगा कोने में
पूर्वजों की विरासत है दादी का हुक्का!!

उज्ज्वला ज्योति तिग्गा

बाँस की टहनी
रहती है अपनी जड़ों के करीब
अपनी दुनिया की सच्चाइयों से सराबोर
कि टिकी रहे
हर चुनौती के सामने
अपने मजबूत इरादों के साथ
वह कमजोर मुलायम-सी टहनी

उज्ज्वला ज्योति तिग्गा

उज्ज्वला ज्योति तिग्गा का जन्म 17 फरवरी, 1960 को दिल्ली में हुआ। इनके पिता चीरस तिग्गा मूल रूप से भंडरिया, गढ़वा (झारखंड) के रहने वाले हैं लेकिन कृषि मंत्रालय में नौकरी मिलने के बाद अगस्त 1959 से दिल्ली में ही बस गए हैं। मैट्रिक पास इनकी माँ काली तिग्गा दारूटोली, गुमला की रहने वाली थी। उज्ज्वला जी की प्रारम्भिक शिक्षा केन्द्रीय विद्यालय दिल्ली (1976) से ही सम्पन्न हुई। 1979 में उन्होंने जीसस एंड मेरी कॉलेज, चाणक्यपुरी दिल्ली से राजनीतिशास्त्र विशिष्ट में स्नातक किया और 1981 में जवाहरलाल नेहरू विश्वविद्यालय दिल्ली से राजनीतिशास्त्र में स्नातकोत्तर की शिक्षा पूरी की। 1983 में भारतीय कृषि अनुसन्धान परिषद, दिल्ली में अनुभाग अधिकारी के पद पर उन्होंने अपनी दूसरी नौकरी की और आज तक वहीं कार्यरत हैं। लिखने-पढ़ने में अभिरुचियों की वजह से संसद भवन में नौकरी करते वक्त साहित्यकार ललित कार्तिकेय से इनका परिचय हुआ और 1984 में उनका प्रेमविवाह हुआ। लेकिन दाम्पत्य जीवन बहुत सुखमय नहीं रहा और 1992 में इन्होंने तलाक ले लिया।

लेखन की ओर इनका झुकाव बचपन से रहा। हिन्दी-अंग्रेजी दोनों भाषाओं में वे लिखती रही हैं। 1984 से 1990 तक में ज्योति का लेखन पत्र-पत्रिकाओं में छपना शुरू हो गया था। ज्योति के बचपन का नाम डोरोथी है और डोरोथी के नाम से भी इनकी रचना कई पत्रिकाओं में छपी।

कतिपय कारणों की वजह से ज्योति का लेखन कुछ समय तक अवरुद्ध हो गया पर इन्होंने डोरोथी के नाम से 2010 में हिन्दी-अंग्रेजी दोनों भाषाओं में चार ब्लॉग बनाकर लिखना शुरू किया। बाद में अपने असली नाम उज्ज्वला ज्योति तिग्गा के नाम से खामोश फलक, सिनगी दई नामक आदिवासी जीवन केन्द्रित ब्लॉग शुरू किए। ज्योति के सभी ब्लॉगों का सुर आदिवासी पहचान को ही मुखरित करता है चाहे वह प्रत्यक्ष रूप से अगोचर ही प्रतीत होता हो।

बचपन से दिल्ली में रहने की वजह से उनमें मुख्यधारा की छाप स्पष्ट रूप से देखी जा सकती है किन्तु कथ्य के स्तर पर वे उनसे भिन्न ही हैं।

उज्ज्वला ज्योति तिग्गा के पास काव्यात्मक मुहावरे भी हैं और उसे अभिव्यक्त करने का सधा, सँवरा अन्दाज भी। इससे भी महत्त्वपूर्ण बात यह कि सोचने-समझने और उसे अभिव्यक्त करने का उनका हुनर अलहदा है। अपनी एक कविता में वह लिखती हैं, 'अजनबी होते देश में/रहने की कीमत/रोज अपना सिर कटाकर चुकाती हूँ मैं।' उज्ज्वला की कविताएँ यथास्थितिवाद और एकाधिकार जमाए गिरोह की मंशा को टारगेट करती है और यह एकाधिकार टूटे इसके लिए वह अपनी कविताएँ एक उम्मीद की रोशनी पैदा करती हैं। वह इस देश में व्याप्त सामाजिक विषमता को अपनी कई कविताओं में अलग-अलग तेवरों के साथ चोट करती हैं। कहीं सवाल के रूप में दर्ज करती हुईं तो कहीं-कहीं सीधे-सीधे।

अपनी एक कविता में वह लिखती हैं, 'औरों के दुख हैं बहुत बड़े/और हमारे दुख हैं बौने/तभी तो हथिया ली है/सबने ये पूरी दुनिया जबकि हम जैसों को/नहीं मयस्सर जरा-सा एक कोना।' कवयित्री ने इस विषमता के लिए जवाबदेह लोकतांत्रिक संस्थाओं पर भी सवाल उठाए हैं। भारतीय न्याय व्यवस्था किस तरह अपने दायित्वों से दूर होते हुए इस विषमता को और गाढ़ा कर रही है इसे देखना हो तो उनकी निम्न पंक्तियाँ इसका साक्ष्य पेश करती हैं : 'जहाँ बाँदी हो न्याय/सत्ता के दंड विधान की/जिसमें नित चढ़ती हो निर्दोषों की बलि/दुष्ट, दोषी हो जाते हों बेदाग बरी/गवाह, दलील, अपील/सभी तो बेमानी हैं यहाँ।'

उज्ज्वला की कविताओं में स्थापित व्यवस्था और पारम्परिक नजरिए को तहस-नहस कर उसे नए दृष्टिकोण से व्याख्यायित करने की गजब की सलाहियत है। यह अकारण नहीं कि उजाले को वह अँधेरे से ज्यादा खतरनाक बतलाती हैं। वह लिखती हैं, 'पर उजाले ने दबे पाँव आकर/कर दिया है सब कुछ चौपट/और लेकर आया है वह साथ अपने/कीड़े-मकोड़े-सा रेंगते/अनगिनत दावेदारों का/एक अन्तहीन हुजूम...।' उनकी कविताओं में जीवटता का गजब गाढ़ापन है। वह लिखती हैं, 'मुरझाने, सूख जाने, रौंदे जाने/कुचले जाने, मसले जाने पर भी/बार-बार, मचलती है कहीं/खिलते रहने और पनपने की/कोई जिद्दी-सी धुन।' आदिवासियत का यह विरल संयोग ही उनकी कविताओं को और से भिन्न साबित करता है।

सम्पर्क : क्वार्टर नं. 948, सेक्टर 8, रामकृष्णपुरम, नई दिल्ली-110022

धरती के अनाम योद्धा

इतना तो तय है
कि सब कुछ के बावजूद
हम जिएँगे जंगली घास बनकर
पनपेंगे, खिलेंगे जंगली फूलों-सा
हर कहीं, सब ओर
मुरझाने, सूख जाने, रौंदे जाने
कुचले जाने, मसले जाने पर भी
बार-बार, मचलती है कहीं
खिलते रहने और पनपने की
कोई जिद्दी-सी धुन
मन की अँधेरी गहरी
गुफाओं, कन्दराओं में
बिछे रहेंगे, डटे रहेंगे
धरती के सीने पर
हरियाली की चादर बन
डटे रहेंगे सीमान्तों पर युद्धभूमि पर
धरती के अनाम योद्धा बन
हम सभी समय के अन्तिम छोर तक

बाँस की नन्ही-सी टहनी

जड़ों का
सघन जाल
रच देता है
एक अद्‍भुत दुनिया
जमीन के अन्दर
काफी गहरे तक
कोमल तन्तुओं का जाल
कि बाँस की नन्ही-सी टहनी
सब कुछ भुलाकर
खेलती रहती है आँख-मिचौली
उन जड़ों के
अनगिन तन्तुओं के
सूक्ष्म सिरों की भूलभुलैया में छिपकर
उस अँधेरी दुनिया में बरसों तक
बगैर इस बात की चिन्ता किए
कि क्या यही है लक्ष्य
उसके जीवन का
क्योंकि जीवन तो
जीना भर है
हर हाल में

यह बात वह बाँस की टहनी
जानती है शुरू से ही

इसलिए रहती है निश्चिन्त
कि तयशुदा वक्त के बाद
उसका भी समय बदलेगा
कि रखेगी वह भी कदम
रोशनी की दुनिया में किसी दिन
और अपने लचीलेपन पर मजबूत
इरादों से रचेगी एक
अद्‌भुत दुनिया
वह कमजोर नाजुक मुलायम-सी टहनी

उसे अक्सर सुन पड़ता है
अजीब-सी सरसराहट और सुगबुगाहट
अपने आस-पास की दुनिया में
जो हँसती खिलखिलाती
बढ़ती जा रही है
अँधेरे से रोशनी की ओर
उस नई दुनिया के
कितने ही सपने सँजोए
वहाँ पहुँचने की जल्दी में
एक-दूसरे से
धक्का-मुक्की करती
लड़ती-झगड़ती
जिसका सपना
न जाने कब से
घुमड़ रहा है उनके
चेतना के फेनिल प्रवाह में

पर छोटे से झुरमुट
की खामोश दुनिया में
बाँस की टहनी

रहती है अपनी जड़ों के करीब
अपनी दुनिया की सच्चाइयों से सराबोर
कि टिकी रहे
हर चुनौती के सामने
अपने मजबूत इरादों के साथ
वह कमजोर मुलायम-सी टहनी

जंगली घास

नहीं चलता है तुम्हारा
या किसी का
कोई भी नियम/कानून
जंगली घास पर
भले ही काट-छाँट लो
घर, बगीचे की घास
जो साँस लेती है
तुम्हारे ही
नियम-कानून के अधीन

पर बेतरतीब
ऊबड़-खाबड़ उगती घास
ढक देती है धरती की
उघड़ी देह को
अपने रूखे आँचल से
और गुनगुनाती है कोई भी गीत
मन ही मन
हवा के हर झोंके के साथ

जंगली घास तो
हौसला रखती है
चट्टानों की कठोर दुनिया में भी
पैर जमाने का दुस्साहस

और उन चट्टानों पर भी
अपनी विजय पताका
फहराने का सपना
जीती है जंगली घास
उपेक्षा, तिरस्कार और वितृष्णा से
न तो डरती न सहमती है
बल्कि उसी के अनुपात में
फैलती और पनपती है
अपने ही नियम-कानून
बनाती जंगली घास...

कन्फेशन

तो फिर बचता क्या है विकल्प
सिवाय कहने के
मान लेने के
कि जी मंजूर है हमें
आपके सब आरोप
शिरोधार्य है आपकी दी हर सजा
जहाँ बाँदी हो न्याय
सत्ता के दंड विधान की
जिसमें नित चढ़ती हो निर्दोषों की बलि
दुष्ट, दोषी हो जाते हों बेदाग बरी
गवाह, दलील, अपील
सभी तो बेमानी हैं यहाँ
कि जिसमें तय हो पहले से ही फैसले
जिनके तहत
यदि जब-तब
जिन्दगी को भी हाशिए से अगर
बेदखल कर
धकिया जाते हैं लोग
और मनाही हो जिन्हें
सपने तक देखने
मनुष्य बने रहने की
नैराश्य और हताशाओं की

कालकोठरी में
जुर्म साबित होने से पहले ही
काला पानी की सजा
आजीवन भुगतने को अभिशप्त

पानी का बुलबुला

मेरे आँसू हैं महज
पानी का बुलबुला
और मेरा दर्द
सिर्फ मेरा दिमागी फितूर
उनकी तमाम कोशिशों के बावजूद
मेरे बचे रहने की जिद्द के सामने
धराशायी हो जाते हैं
उनके तमाम नुस्खे और मंसूबे
अपने उन्हीं हत्यारों की खुशी के लिए
रोज हँसती हूँ गाती हूँ मैं
जिन्हें सख्त एतराज है
मेरे वजूद तक से
उन्हीं की सलामती की दुआ
रोज माँगती हूँ मैं
अजनबी होते देश में
रहने की कीमत
रोज अपना सिर कटाकर
चुकाती हूँ मैं।

उजाले से

अक्सर सुना है लोगों को शिकायत करते
उजाले से भला क्या मिला हमें आज तक
उजाले ने तो आकर हमारे सामने
कर दी कितनी ही परेशानियाँ खड़ी
भला किसे जरूरत है उजाले की अब
जब अँधेरों से ही काम चल जाता है अब
और फिर अब तो
आदत-सी हो गई है अँधेरों की
सीख लिया है अब तो उजाले के बिन जीना
...

उजाला तो महज भटकाता है
जाने किन ऊलजलूल सवालों में उलझाता है
अब भला कौन उसके बहकावे में आए
अपनी हरी-भरी जिन्दगियों में
बबूल और ऊँटकटारे बोए
और लहूलुहान पैरों से
बाकियों की तरह जिन्दगी की दौड़ दौड़े

जब से अँधेरों में सिमट आई हैं मंजिलें
उनके भी पहुँच के भीतर
जब औरों की तरह
उठाकर फायदा अँधेरों का

उन्होंने भी खोज ली है
काफी मशक्कत के बाद
सुरंगों भरी वह चोर गली
और खोद ली है अपने घरों तक
कई नई सुरंगों का मकड़जाल
चोरी-छिपे उस चोर गली तक
जिसके मुहाने पर है मौजूद
बेलगाम समृद्धि का अकूत खजाना
जिस पर था कब्जा अब तक
चन्द चुने हुए लोगों और घरानों का
अब वे भी तो हो गए हैं हिस्सेदार
उन चमकीले चटकीले सपनों का
और हाथ बढ़ाकर छू कैद कर सकते हैं उन्हें
अपनी रूखी खुरदरी हथेलियों में
अपने ही बूते अपनी बुद्धि बल कौशल से

अँधेरों की चाहत में
छल-बल और झूठ-प्रपंच से
हाथ मिलाकर
देश निकाला दे दिया जबसे
गदहे पर बिठलाकर
सच्चाई-ईमानदारी और मेलप्रेम जैसे
उजड्ड गँवारों को जिन्हें नहीं है तमीज
बदलते समयों के रंग-रूप में
खुद-ब-खुद
ढल जाने की
कितना चैन है हर तरफ
कहीं कोई अप्रिय असहज तान की गूँज नहीं
जो कर दे रंग में भंग मस्ती भरे महफिल का

पर उजाले ने दबे पाँव आकर
कर दिया है सब कुछ चौपट
और लेकर आया है वह साथ अपने
कीड़े-मकोड़े-सा रेंगते
अनगिनत दावेदारों का
एक अन्तहीन हुजूम
जिन्होंने ठानी है
बरसों की भूख मिटाने की
सब कुछ को हजम कर जाने की
किसी छापेमार दस्ते-सा
तहस-नहस करने की
चोरी-छिपे सेंधमारी के
उन तमाम बेहतरीन और नायाब मंसूबों का
ताकि हो पर्दाफाश अँधेरों की करतूतों का
और साकार हो उजाले का सपना हर दिल हर घर में

शिकारी दल अब आते हैं

शिकारी दल अब आते हैं
खरगोशों का रूप धरे
जंगलों में
और वहाँ रहने वाले
शेर-भालू और हाथी को
अपनी सभाओं में बुलवाकर
उन्हें पटाकर
पट्टी पढ़ाकर
समझाया, फुसलाया
कि आखिर औरों की तरह
तरक्की उनका भी तो
जन्मसिद्ध अधिकार है
कि क्या वे किसी से कम हैं
कि दुनिया में भले न हो
किसी को भी उनका खयाल
पर वह तो सदा से हैं रहनुमा
उन्हीं के शुभचिन्तक और सलाहकार
लोग तो जलते हैं
कुछ भी कहेंगे ही
पर इस सब से डरकर भला
वे क्या अपना काम तक छोड़ देंगे

ये तो सेवा की सच्ची लगन ही
खींच लाई है उन्हें
इन दुर्गम बीहड़ जंगलों में
वर्ना कमी थी उन्हें
क्या काम-धन्धों की

विकास के नए मॉडल्स के रूप में
दिखाते हैं सब्जबाग
कि कैसे पुराने जर्जर जंगल
का भी हो सकता है कायाकल्प
कि एक कोने में पड़े
सुनसान उपेक्षित जंगल भी
बन सकते हैं
विश्व स्तरीय वन्य उद्यान
जहाँ पर होगी
विश्व स्तरीय सुविधाओं की टीमटाम
और रहेगी विदेशी पर्यटकों की रेल-पेल
और कि कैसे घर बैठे खाएगी
शेर-हाथी और भालू की
अनगिन पुश्तें

पर शर्त बस इतनी
कि छोड़ देना होगा उन्हें
जंगल में राज करने का मोह
और ढूँढ़ लेना होगा उन्हें
कोई नया ठौर या ठिकाना
कि नहीं हैं उनके पास
नए और उन्नत कौशल का भंडार
जिनके बिना नहीं चल पाता
आजकल कोई भी कार्यव्यापार

और कम्पनी की पॉलिसी के तहत
बँधे हैं उनके हाथ भी
मजबूर हैं वह भी
कि
भला कैसे रख लें वह
उन
उजड्ड-गँवार और जाहिलों को
उन जगमग वन्य उद्यानों में
आखिर उन्हें भी तो
देना पड़ता है जवाब
अपने आकाओं को

पर फिर भी
अगर बहुत जिद करेंगे तो
चौकीदारों, चपरासियों
और मजदूरों की नौकरियों पर
बहाल किया जा सकता है उन्हें
कई विशेष रियायतों
और छूट देने के बाद
पर अयोग्य साबित होने पर
छोड़ना होगा
अपने सारे विशेषाधिकारों का दावा!!!

जंगल चीता बन लौटेगा

जंगल आखिर कब तक खामोश रहेगा
कब तक अपनी पीड़ा की आग में
झुलसते हुए भी
अपने बेबस आँसुओं से
हरियाली का स्वप्न सींचेगा
और अपने अंतस में बसे हुए
नन्हे से स्वर्ग में मगन रहेगा

पर जंगल के आँसू इस बार
व्यर्थ न बहेंगे
जंगल का दर्द अब
आग का दरिया बन फूटेगा
और चैन की नींद सोने वालों पर
कहर बन टूटेगा
उसके आँसुओं की बाढ़
खदकती लावा बन जाएगी
और जहाँ लहराती थी हरियाली
वहाँ बियाबान बंजर नजर आएँगे

जंगल जो कि
एक खूबसूरत ख्वाब था हरियाली का
एक दिन किसी डरावने दु:स्वप्न-सा
रूप धरे लौटेगा

बरसों मिमियाता घिघियाता रहा है जंगल
एक दिन चीता बन लौटेगा

और बरसों के विलाप के बाद
गूँजेगी जंगल में फिर से
कोई नई मधुर मीठी तान
जो खींच लाएगी फिर से
जंगल के बाशिन्दों को उस स्वर्ग से पनाहगाह में

टिड्डियों-सा दल बाँधे लौटेंगे वे

जिन्दगी भर रेंग-घिसटकर
कीड़े-मकोड़ों-सा जीवन जिया
हर किसी के पैरों के तले
रौंदे जाने के बावजूद
हर बार तेज आँधियों में
सिर उठाने की हिमाकत की
और समय के तेज प्रवाह के खिलाफ
स्थिर खड़े रहने की मूर्खता (जुर्रत) की
और जीवन की टेढ़ी-मेढ़ी
ऊबड़-खाबड़ पगडंडियों पर
रखते रहे राह में पड़े
कंकड़ और काँटों से घायल
अपने थके-हारे लहूलुहान कदम
और सतह पर बने रहने के संघर्ष में
बुरी तरह से घायल क्षत-विक्षत
आत्मा के घाव रूपी हलाहल को
अमृत और आशीष मान
जीवन भर चुपचाप पिया
तो क्या व्यर्थ जीवन जिया

अन्धी गलियों के बन्द मोड़ों पर
क्या व्यर्थ ही अपना सिर फोड़ा

कि दीवारों में छुपे बन्द दरवाजे
खुल जाए हरेक के लिए
न कि हो चन्द लोगों का कब्जा
उन चोर दरवाजों के मकड़जाल पर
जिनका सर्वाधिकार सर्वथा सुरक्षित
उनकी आगामी अनगिन पीढ़ियों के लिए
और सेंधमारी में सिद्धहस्त
कायर चापलूसों और चाटुकारों का
लालची हुजूम
चोर दरवाजों की फाँकों और छेदों से
झलकते जगमग संसार की चमक से चौंधियाकर
अपने आकाओं के नक्शे-कदम पर चलते हुए
दूसरो को रौंदकर और कुचलते हुए
आगे बढ़ने में जिन लोगों को
कभी भी न रहा कोई गुरेज
और नहीं कोई भी परहेज
और अपने तथाकथित
आदर्श और संस्कारों के
ढकोसलों को
अपने हाथों की तलवार और
तीरों की नोक बना
छलनी करता रहा
आस-पास मँडराती भीड़ की
देह-प्राण-आत्मा तक को
जिन्होंने भी की हिमाकत
चुनौती बनने की
उनके विश्व विजय के
संकल्प की धज्जियाँ उड़ाने की

बढ़ता रहा बेखौफ और बेरोकटोक
उनका हुजूम
विलासितापूर्ण समृद्धि के
जगमग राजपथ पर
गर्व से गर्दन अकड़ाए
अपनी तथाकथित
बमुश्किल मिली उपलब्धियों पर
किसी गैस भरे गुब्बारे-सा फूला हुआ
हवा के झोंकों के साथ-साथ
जहाँ-तहाँ उड़ते-लहराते

टिड्डियों-सा दल बाँधे लौटेंगे वे
और तहस-नहस कर देंगे
समृद्धि के राजमार्ग की
हर चमक-दमक को
दीमक बन खोखला कर देंगे
चोर दरवाजों के मकड़जाल की
बदौलत बने हर इमारत की नींव

कीड़े-मकोड़ों-सा
अब नहीं रौंदे जाएँगे वे
किसी भी ऐरे-गैरों के बूट तले
रेंगना-घिसटना छोड़
अब वे उड़ेंगे मुक्त आकाशों में
और दौड़ेंगे वे हिरण साथ
जीवन की जंगली पगडंडियों पर

चोर दरवाजों के मकड़जाल को
हर तरफ से काट-चीरकर

आँखें नोच लेंगे वे
बेनकाब कर उन पाखंडी रहनुमाओं की
जिन्हें बलि देते रहे वे
अपने बहुमूल्य जीवन को कौड़ियों-सा

अँधेरों का गीत

मूक बाँसुरी गाती है
मन-ही-मन
अँधेरों के गीत
मूक बाँसुरी में बसता है
सोई हुई उम्मीदों
और खोए हुए सपनों का
भुतहा संगीत
देखती है मूक बाँसुरी भी
सपने, घने अँधेरे जंगल में
रोशनी की झमझम बारिश का
मूक बाँसुरी में कैद है
अँधेरे का अनसुना संगीत

डॉ. दमयन्ती सिंकु

दिख रहा है चमकीला भरा
झिलमिल सा महसूस हो रहा है
चाँदनी के बाद अँधेरी रात है।

डॉ. दमयन्ती सिंकु

डॉ. दमयन्ती सिंकु का जन्म 10 दिसम्बर, 1961 को पश्चिमी सिंहभूम (झारखंड) के खैरपाल गाँव में हुआ। इनके पिता और माँ—जगमोहन सिंकु व हर्षमती सिंकु—दोनों का देहान्त हो चुका है। आपके पिता एक जाने-माने राष्ट्रीय फुटबॉल खिलाड़ी थे और पश्चिम बंगाल की मोहन बागान टीम से खेलते थे। स्काउट हिन्दी गर्ल्स हाई स्कूल चाईबासा से 1980 में मैट्रिक करने के बाद महिला कॉलेज, चाईबासा से 1984 में स्नातक (हिन्दी प्रतिष्ठा) की परीक्षा पास की और फिर 1986 में 'हो' भाषा-साहित्य में जनजातीय एवं क्षेत्रीय भाषा विभाग, राँची विश्वविद्यालय, राँची से एम.ए. किया। 'हो जनजाति में बा गीत : एक सांस्कृतिक अध्ययन' (2011) विषय पर आपने पी-एच.डी. की है। 8 मार्च, 2002 में इनका विवाह लक्ष्मण देवगम से हुआ। इन्होंने आदिवासी भाषा-साहित्य के मुद्दे पर अनेक राष्ट्रीय एवं अन्तरराष्ट्रीय सेमिनारों में शिरकत की है।

दमयन्ती सिंकु हो साहित्य की एक महत्त्वपूर्ण साहित्यिक उपस्थिति हैं और अपने लेखन से हो आदिवासी साहित्य को भरा-पूरा बनाने में प्रमुख भूमिका निभा रही हैं। स्नातक के बाद इन्होंने कुछ समय तक एक सामाजिक संस्था से जुड़कर ग्रामीण विकास के लिए काम शुरू किया था। लेकिन बहुत जल्दी ही डॉ. दमयन्ती को लग गया कि यह उनकी प्रकृति के अनुकूल कार्य नहीं है। इसी के बाद वे पूरी तरह से भाषा-साहित्य के कार्यों में लग गईं। जिसके फलस्वरूप उनकी पहली पुस्तक 'हो-हिन्दी शब्दकोश (कजि बुरू)' 2007 में छपकर सामने आई। अब तक इनकी कुल सात किताबें प्रकाशित हो चुकी हैं। ये हैं—1. हो-हिन्दी शब्दकोश (कजि बुरू), 2. सिंहभूम के शहीद लड़ाका 'हो', 3. हो एक परिचय, 4. पुति रेया सेतेंग डबुरा को, 5. हो-व्याकरण ओन्डो निबंधावली, 6. मरङ गोमके जयपाल सिंह (हो अनुवाद) और 7. हो सीखें।

कविताओं के इस गुच्छे में डॉ. दमयन्ती सिंकु की कुल पाँच कविताएँ शामिल की गई हैं। प्यारे मित्र, चाँदनी रात, गोलनचि फूल, हमारा झारखंड और सूरज। 'हमारा झारखंड' कविता में डॉ. सिंकु ने अपने सिङ दिसुम का वर्णन किया है। यह वर्णन सिर्फ प्राकृतिक नहीं है। इसमें इतिहास प्रकृति के साथ-साथ खिल रही है। यह इतिहासबोध प्राय: सभी आदिवासी कवियों और रचनाकारों में हम पूरी सघनता के साथ पाते हैं। कवयित्री आदिवासी समुदायों की सामूहिक उपस्थिति को रेखांकित करते हुए लिखती हैं, 'विभिन्न प्रकार के फल-फूल हैं/विभिन्न प्रकार की बोलियाँ हैं।' यह स्वीकार उस बहुसांस्कृतिक परिवेश का सम्मान है जो समष्टि में परपस्पर साहचर्य से विकसित हुई है। फिर वे आगे इतिहास की चर्चा करती हैं, 'कानू के गीत से गुंजायमान हुआ था सिंहभूम।' यह चर्चा सिर्फ कानू जैसे ऐतिहासिक नायकों को याद रखने के लिए नहीं है बल्कि उस संघर्ष के लिए है, उस बचाव के लिए है, जो न चाहते हुए भी अस्तित्व रक्षा के लिए आज विश्व के आदिवासी समुदायों की मुख्य प्रवृत्ति बन गई है। तभी वे कहती हैं, 'सुरक्षित रखे सिंह देश को अपने काम से।'

'प्यारे मित्र' दोस्ती पर केन्द्रित कविता है तो 'चाँदनी रात', 'गोलनचि फूल' और 'सूरज' प्रकृति के साथ आदिवासी समुदायों के रागात्मक सम्बन्धों को चित्रित करती है। लेकिन ध्यान रखने वाली बात यह है कि चित्रण 'बाहरी' सैलानी की तरह नहीं है। वैसा ही है जैसा कि उनका सम्बन्ध अपने सगे-सम्बन्धियों के साथ होता है। प्रकृति को लेकर डॉ. दमयन्ती रोमानी बिलकुल नहीं हैं। वे यथार्थपरकता के साथ प्रकृति को देखती हैं और लिखती हैं, 'चाँदनी के बाद अँधेरी रात है।' बहुतों को यह पंक्ति बहुत घिसी-पिटी लग सकती है और वे कह सकते हैं इसमें नया क्या है ? जवाब कविता के इस बरताव में है कि 'दिख रहा है चमकीला भरा/झिलमिल सा महसूस हो रहा है।' यह जो चमकीला भरा और झिलमिल-सा है वह पूरी कविता को एक नया अर्थ देता है। जिसे आदिवासी प्रकृति को समझे बिना कोई आलोचक नहीं पकड़ सकता।

कविताओं के पाठकों के लिए 'हो' भाषा की यह कवयित्री मामूली होते हुए भी गैर-मामूली बनेगी, ऐसा सोचना अतिशयोक्ति नहीं माना जाना चाहिए।

सम्पर्क : जनजातीय एवं क्षेत्रीय भाषा विभाग,
राँची विश्वविद्यालय, राँची (झारखंड)

प्यारे मित्र

वक्त गुजर गया मेरे दोस्त
कोई खुशी नहीं है, मेरे दोस्त,
तुम में ही मेरी जिन्दगी समाहित है
तुम ही मेरे दिल दिमाग में समाये हो।

जिन्दगी की खुशी मिली
जिस वक्त तुम्हारा साथ था मेरे दोस्त!
जिन्दगी में अनेकों दुख मिला
मेर दोस्त! जिस समय तूने मेरा साथ छोड़ा।

मेरी चाहत थी मेरे दोस्त!
सिङबोंगा से तुझे माँग लूँ
मेरी ख़ुशी थी, मेरे दोस्त
तुम से 'तुम्हीं' को माँग लूँ।

मैंने बहुत चाहा, मेरे दोस्त!
इस जहाँ में तुम नहीं मिले, मेरे दोस्त!
बहुत चाहा मैंने तुम्हें मेरे दोस्त
तुमने मुझे छोड़ा मेरे दोस्त, कहाँ हैं?

इस जिन्दगी में तू न मिला मेरे दोस्त!
इस जहाँ में तुम नहीं मिले, मेरे दोस्त!

बहुत चाहा मैंने तुम्हें मेरे दोस्त
तुमने मुझे छोड़ा मेरे दोस्त, कहाँ है ?

इस जिन्दगी में तू न मिला मेरे दोस्त
दिल से तुझे चाहा था, मेरे दोस्त
अब हो गए जुदा
अब हो गए हम अलग!

कहीं भी रहा मेरे दिल में ही
कहीं भी बसो मेरे मन-मस्तिष्क में ही
खुश रहो जहाँ मेरे दोस्त
सदा मेरे दिल में रहो

चाँदनी रात

संसार का ऐसी नियति
संसार का ऐसा नियम
चाँदनी के बाद अँधेरी रात है।

यही सही बात है
यही हकीकत है
चाँदनी के बाद अँधेरी रात है।

मानव का सृष्टि हुआ
संसार में मानव का आगमन हुआ
चाँदनी के बाद अँधेरी रात है।

अच्छी सोच दिमाग में आया
अच्छी सुख-सुविधा भरी जिन्दगी मिली
चाँदनी के बाद अँधेरी रात है।

दिख रहा है चमकीला भरा
झिलमिल सा महसूस हो रहा है
चाँदनी के बाद अँधेरी रात है।

चाँदनी रात सुख भरी लगती है
अँधेरी रात दुख भरी होती है
चाँदनी के बाद अँधेरी रात है।

गोलनचि फूल

पिछवाड़े में गोलनचि फूल
देखते ही खुशी लगती है
सफेद फूल देखते ही,
मन खिल सा जाता है
खुशबू से भरी होती है

पेड़ अधिक बड़ी नहीं होती
डाली-डाली में गुच्छा-गुच्छा फूल
सफेद-सफेद गोलनचि फूल
सिङबोंगा को चढ़ाई जाती है।
सफेद गोलनचि फूल
भगवान की सेवा की जाती है।

सिङ देश की बालाएँ
गोलनचि फूल से जुड़ा सजाती हैं।
कुँवारी बालाएँ
गोलनचि की गुच्छा से
खुद को सजाती है
आओ चलो देख आएँ
गोलनचि फूल सिङबोंगा को
अर्पित की जाती है

आओ चलो पहचान कर आएँ
कुँवारी बालाओं को
जो गोलनचि फूल से सजी हुई हैं।

हमारा झारखंड

हमारा झारखंड राज्य बहुत सुन्दर
हमारा जन्म भूमि बहुत प्यारा।

अनेक तरह का कारखाना, खदान
हीरा-मोती, सोना-चाँदी से भरे पड़े हैं।

विभिन्न प्रकार के फल-फूल हैं
विभिन्न प्रकार की बोलियाँ हैं।

पर्व त्योहार से समाहित हैं
नाच गान एवं खुशियों से भरी पड़ी हैं।

जन्म लिया था, बीर बिरसा
उदय हुआ था, कोल लको बोदरा

बिरसा ने बनाए राह
तैयार किए राह टेबो घाटी का।

लको! हो समाज के बीज रखे
समाज के बीज फैलाए
बनाए समाज के लिए लिपि
लिखी थीं पुस्तकें समाज के लिए।

कदम रखे थे हमारे बीच कानू
उदय हुए थे पूर्णचन्द।

कानू के गीत से
गुंजायमान हुआ था सिंहभूम
सुरक्षित रखे सिङ देश को अपने काम से

हमारा झारखंड राइज बहुत सुन्दर है
हमारा जन्म भूमि बहुत प्यारा।

सूरज

सुबह होने पर सूर्य की किरणें
शाम होते ही चाँद की चाँदनी
कभी भी न आए अँधेरा
जिन्दगी में तुम्हारे लिए है! मेरे दोस्त!
रहे हमेशा उजाला ही उजाला!

अमावस्या की काली रात
पूर्णिमा की वो चाँदनी रात
कभी भी न आए दुख
जिन्दगी में तुम्हारे लिए है! मेरे दोस्त!
रहे हमेशा सुख ही सुख

सुबह होते ही रंग-बिरंगी चिड़िया
शाम होते ही मवेशियों का झुंड
वापसी करते हैं विश्राम गृह को
जिन्दगी में तुम्हारे लिए है! मेरे दोस्त!
रहे हमेशा प्यार ही प्यार।

डॉ. शान्ति खलखो

पूरी दुनिया में 'करण' की भरमार,
अच्छे नहीं दिख रहे हैं आसार।
हमारे बीच में घुस गया ये 'करण'
औद्योगीकरण, शहरीकरण, संस्कृतिकरण।
इन सबसे हम हैं परेशान,
इससे निकलना नहीं है आसान।

डॉ. शान्ति खलखो

डॉ. शान्ति खलखो का जन्म 11 जनवरी, 1963 को झारखंड के लोहरदगा जिले के हनहट गाँव में, एक उराँव आदिवासी परिवार में हुआ। इनकी माँ लक्खी उराँव और पिता कइला उराँव थे। दोनों ही अब दिवंगत हैं। शान्ति खलखो की प्राथमिक शिक्षा राजकीय प्राथमिक विद्यालय बजरा, हेहल से 1973 में पूरी हुई। मैट्रिक की पढ़ाई गवर्नमेंट गर्ल्स हाई स्कूल से 1980 में और बी.कॉम. मारवाड़ी कॉलेज, राँची से 1985 में किया। जनजातीय एवं क्षेत्रीय भाषा विभाग, राँची विश्वविद्यालय से 1993 में कुड़ुख भाषा-साहित्य में एम.ए. किया और 'उराँव जनजातियों में सांस्कृतिक परिवर्तन की दिशा' विषय पर पी-एच.डी. भी वहीं से की। मुरलीधर खलखो से 1981 में विवाह हुआ। आपकी दो बेटियाँ और एक बेटा है।

लेखन की ओर आपका रुझान 1990 में हुआ जब आप पीजी के तहत डिजरटेशन लिख रही थीं। आपकी पहली रचना 'संगम' पत्रिका में प्रकाशित हुई। आप उन आदिवासी महिला रचनाकारों में हैं जो निरन्तर और सक्रिय लेखन में जुटी हैं। हिन्दी एवं कुड़ुख में आपकी रचनाएँ राज्य एवं देश के विभिन्न पत्र-पत्रिकाओं में छपती रहती हैं। आकाशवाणी से भी उनका प्रसारण होता रहा है। अभी तक आपकी चार किताबें प्रकाशित हैं—1. 'पुना डहरे' (2008), 2. 'उराँव संस्कृति में परिवर्तन की दिशा में'(2009), 3. 'कुड़ुख तोड़न अखड़ा' (2010) और 4. 'कुड़ुख सिखाना डंडी' (2011)। कुड़ुख भाषा-साहित्य के विकास में आप प्रतिबद्धता के साथ सृजनरत हैं और वर्तमान में कुड़ुख कविता-संग्रह, बच्चों के लिए व्याकरण आदि पर कार्य कर रही हैं। सक्रिय राजनीति में भी आपकी रुचि है।

झारखंडी भाषा-साहित्य और संस्कृति के नवोन्मेष में आपकी भूमिका अग्रणी है। जितना मुखर होकर आप लिखती हैं उतनी ही सक्रियता के साथ

जनान्दोलनों में भी भागीदारी करती हैं। अनेक सामाजिक, साहित्यिक और सांस्कृतिक संगठनों में सक्रिय डॉ. खलखो जहाँ एक ओर अपनी मातृभाषा कुड़ुख के विकास के लिए कार्यरत हैं, वहीं आप झारखंडी एकता की प्रबल पक्षधर हैं। साझा सांस्कृतिक अभियानों में सदैव आगे रहती हैं।

डॉ. खलखो उराँव समुदाय और कड़ुख भाषा की एक ऐसी कवयित्री हैं जिनकी कविताएँ मुखर रूप से राजनीतिक और बौद्धिक पाखंड को अपनी जद में लेती हैं। 'जाल' और 'वैश्वीकरण' सरीखी उनकी कविताओं में यह पाखंड बड़े स्पष्ट ढंग से दर्ज हुआ है। हमारा बौद्धिक लोक उदारीकरण को ही सभी समस्याओं का मूल मान बैठा है। इस पर खलखो की यह पंक्ति जबर्दस्त चोट करती है : 'बहुत बड़े बड़े हैं ये 'करण'/बाजारीकरण, उदारीकरण, वैश्वीकरण।/ये 'करण' हमें निगल रहा,/तन मन को पूरा ही लील रहा।/सोचो कुड़ुख लोग इस सम्बन्ध में...।'

डॉ. खलखो में राजनीतिक नेतृत्व के दोगलेपन को लेकर गहरा असन्तोष है। यह आक्रोश इतना मुखर है कि एक हद तक उनकी कविताओं को वह इकहरेपन में कैद कर डालती हैं। बावजूद इसके वोट की ताकत को, उसकी अहमियत को यह कवयित्री समझती है। अपनी एक कविता में कहती हैं : 'इसलिए सुनो हे मेरे भाइयो'/देखो सबको हमारे बच्चो।/वोट बहुत ही महँगा हथियार।/चेत जाओ सब हो होशियार।' राजनीतिक पाखंड के प्रति कवयित्री में इतना रोष है कि वह खुलेआम उसका बायकॉट भी करती हैं लेकिन साथ ही वोट के रूप में जनता को जो अधिकार मिले हैं उसका उपयोग करने का कोई भी अवसर वह छोड़ने देने के पक्ष में नहीं हैं। संग्रह में 'बस स्टैंड वाली लड़की' कविता बेचारगी और अभावों की मारी एक ग्रामीण बाला और उसके वृद्ध बाप की असहायता का चित्र खींचती हैं। यह कविता एक पुरुष की बलात्कार के बाद खौफ में डूबी लड़की और उसके असहाय निर्धन बाप का ऐसा बिम्ब गढ़ती है कि पाठक तार-तार हो उठते हैं। कवयित्री ने पुरुष समाज की इस हिंसकवृत्ति पर गहरी चोट की है।

सम्पर्क : कार्तिक उराँव कुड़ुख लुरकुड़िया,
करम टोली, राँची-834001 (झारखंड)

बस स्टैंड वाली लड़की

मैं रोई थी तब,
जब देखा उस शख्स की बेचैनी,
उस पिता के माथे की शिकन,
जो अपनी 15 वर्षीय बेटी के लिए,
बस स्टैंड पर खड़ा था।

बड़ा ही दुखदाई,
शरीर उसका ढल रहा था।
उम्र 32–35 के करीब
किन्तु 80 की वृद्धता को ढोये उसका वह चेहरा
आँखों की चंचलता बता रही, वह कुछ ढूँढ़ रहा था।
शहर से वास्ता शायद पहली बार था।
तभी उसने मुझे टोका—
'ई हस्पताल कोन बटे हय?
बेटी के देखाएक रहे।'
तथा ध्यान गया उस बाल रूपी लड़की में,
उम्र करीब 12 साल, जिसे पिता ने जबरन,
15 वर्षीय बताया।
उलझे बिखरे से बाल, मटमैला-सा फ्रॉक पहने,
वह अपने पिता की ओट में आ गई
उसको ध्यान से देखा, तो उसके पेट में उभार था।
खयाल आया,
शायद कोई बीमारी हो।

किन्तु फिर भी पूछ लिया।
क्या हुआ है बाबा आपकी बेटी को?
उसकी आँखें डबडबा आईं,
और पैरों के अँगूठे को जमीन पर रगड़ने लगा।
हाथों से बेटी को समेटते हुए...।
'कौन जाने खेत में कौन आदमिन रहलयं,
जे बेटी के उठाय ले रहलयं
और खेललक आपन पुरुष शरीर से
फिर अधमरा छोड़ भाइग गेलयं।'

मैं सुनकर स्तब्ध...।
इस छोटी-सी लड़की के साथ बलात्कार...।
जहाँ उसके स्तनों का कोई उभार तक न आया हो।
उसके शरीर का कोई भाग विकसित भी न हो पाया हो
उस भोली के साथ यह खिलवाड़
शर्मनाक दैत्यों का व्यवहार।
रो पड़ी उसी वक्त मैं।
एक टीस-सी उठी मन में,
और लड़खड़ाती हुई किसी तरह
सँभलने के लिए दीवार को थामा।
फिर उस मानसिक संरचना को समझने में उलझ गई,
जो ऐसी घटनाओं को अंजाम देते हैं।
उस भोली-सी बच्ची की सूरत
और उसके जिस्म में पलता वह शिशु,
मेरे अन्तर्मन को धिक्कारता रहा।

आज बीत गए तीन साल उस घटना के
पर, आज भी वह पिता और पुत्री
जेहन में बार-बार उभर आते हैं।
पुरुषों के इस इन्द्रिय जिजीविषा पर

घृणा आती है।
उसके पुरुषार्थ का लिंगीय रूप
स्वयं द्वारा ही ऐसे छला जाता है।
सन्तानोत्पत्ति का यह पवित्र सम्बन्ध
ईश्वरीय देन की जगह,
घृणित अभिशाप प्रतीत होता है।
और...तब...
एक बार प्रलय की कामना कर
नवजीवन की आहें भरती हूँ
ऐसा न हो बार-बार
बस इसकी आस मैं रखती हूँ।

वैश्वीकरण

अभी का नया युग कह रहे हैं,
इसे 21वीं सदी गिन रहे हैं।
लेकिन अब तक हमने क्या पाया
समाज के लिए हमने क्या दिया?
पूरी दुनिया में 'करण' की भरमार,
अच्छे नहीं दिख रहे हैं आसार।
हमारे बीच में घुस गया ये 'करण'
औद्योगीकरण, शहरीकरण, संस्कृतिकरण।
इन सबसे हम हैं परेशान,
इससे निकलना नहीं है आसान।
बहुत बड़े-बड़े हैं ये 'करण'
बाजारीकरण, उदारीकरण, वैश्वीकरण।
ये 'करण' हमें निगल रहा,
तन मन को पूरा ही लील रहा।
सोचो कुड़ुख लोग इस सम्बन्ध में,
मर जाएँगे नहीं तो इन सब 'करण' में।
राक्षस हैं ये बहुत ही बड़ा,
हँस रहा ये हमें देखकर लगा ठहाका।
देखो तो गरीबी अमीरी का अन्तर
ठग-ठग के सब से वोट लो
जीतने के बाद ठेंगा दिखा लो।
इसलिए सुनो हे मेरे भाइयो
देखो सबको हमारे बच्चो।
वोट बहुत ही महँगा हथियार।
चेत जाओ सब हो होशियार।

हरा झारखंड

हमारा झारखंड राज्य सुन्दर
पूरे राज्य में पेड़ हैं साल का।
भरा पड़ा है जंगल पहाड़
चलो से घूमने जाएँगे खरता[1]
पूरब में राजमहल पर्वत
पश्चिम में नेतरहाट पर्वत।
दक्षिण में टेबो घाटी
उत्तर में पतरातु घाटी।
दोन टाँड़ गहरा ऊँचा-नीचा
पूरे राज्य में महुवा का पौधा
साल का वृक्ष आमने-सामने में
सरई, सरजोम[2] झारखंडी साहित्य में।
पलास का फूल भरा पड़ा है।
पूरे राज्य में बहुत भरा हुआ है।
केंदू, महुआ, जामुन, आम
घूमो फिरो और भरपेट खाओ।
पुटुस, थेथर, सिन्दवार का पौधा
काटो फेंको बुहार कर साफ करो।
फिर भी हमें नहीं ही छोड़ता।
घूमता हमारे पाँव के निशान पर।

1. खरता—जगह का नाम है। यहाँ बड़ा पहाड़ और जंगल है।
2. सरजोम—साल (मुंडारी), सरई—साल (सादरी में)

तरह–तरह के पेड़–पौधे
दिया उसने हम सबके लिए
धरमेस की हम महिमा गाएँगे
उन्हें हम धन्यवाद देंगे।
रखे रहें ऐसे ही हरियाली
खुशी–खुशी से सभी झारखंडी

जाल

पंचायत चुनाव का जाल बिछाया
ये आदिवासियों के लिए नहीं है।
भारत सरकार ने हमें ठगा,
झारखंड सरकार अधिक ही पीस दिया।
वर्ष 1947 में देश आजाद हुआ,
वर्ष 1953 में जनजातीय परामर्शदात्री कमिटी बनी।
संविधान हम लोगों को अधिकार दिया
हम सबके लिए पाँचवीं अनुसूची बनाया।
कहा गया अच्छा से जीवन जीयो,
कोई भी तुम पर अत्याचार नहीं कर सकेगा।
दूसरे राज्य में तुम्हारा राज,
बात तो बहुत ही सही है।
पैसा कानून हमारे लिए अच्छा है,
पाँचवीं अनुसूची हमारा क्षेत्र है।
यहाँ नहीं है पंचायत चुनाव,
यहाँ नहीं है नगर निगम चुनाव।
2008 में नगर निगम का चुनाव हुआ
2010 में चुनाव हुआ पंचायती राज का।
धोखाधड़ी कर रहे हम सबसे दिकू,
हम सबके लिए उन्होंने जाल बिछाया।
मुखिया बनेंगे फंड मिलेगा,
सभी तरह का तकलीफ दूर होगा।
लेकिन एक गीत गाते हैं हम,

सभी समय हम उसे सुनते हैं।
देखना भाइयो शिकारी आएगा,
हमारे लिए वह अधिक ही दाना फेंकेगा
हमें नहीं उसे चुगना खाना,
उस जाल में हमें नहीं घुसना।
रुपया मिलेगा कहकर ठग रहे हैं,
उपमुखिया की जगह उन्होंने अपने लिए रखा।
उपमुखिया के पद पर वे स्वयं रहेंगे।
खजाँची, सलाहकार यहाँ वे स्वयं ही रहेंगे।
हम होंगे रबर स्टांप केवल
उसे ताकते रहेंगे बनकर बगुला।
अब तो होश में आओ, जागो,
पकड़ो न्यायिक अधिकार और उठो।
इस झूठे जाल में न घुसना,
ये आया है यहाँ हमें ठगने।

हम सब एक हैं

हम सब एक हैं
ईसाई–सरना भाई हैं।
एकता की हम बात करते हैं,
यहाँ वहाँ इसे ढूँढ़ते फिरते हैं।
इधर–उधर कहीं भी नहीं है,
है यह हमारे बीच में सब दिन।
थोड़ा–सा यदि हम ध्यान देंगे,
निश्चित रूप से विचार करेंगे।
एक ही घर हुआ है विभाजित
वहीं से बना है दो राह।
दो बेटे हैं एक बाप
उन्होंने किसी को भी नहीं डाँटा।
मैं ईसाई तुम सरना,
सभी धर्म का एक ही सार।
दया, दुआ और प्रेम करो,
भजन, विनती और प्रार्थना करो।
साथ–साथ जियो और खाओ,
किसी पर तुम अन्याय मत करो।
हम सब भाई हैं,
क्यों हम लड़ते रहे हैं।
इस तरह से हम कमजोर होते हैं।
सभी तरह से हम तबाह होते हैं।
शारीरिक और मानसिक रूप से,

सोच-विचार और सामाजिक रूप से
यह सब देखकर दुश्मनों को दाँव मिलता है
देखो वे कैसे हम पर आक्रमण करते हैं।
भाजपा कांग्रेस सभी पार्टियाँ,
दबाते जाते हैं हमारी नरेटी ?
इसलिए सुना हे कुड़ुख बोलने वालो
हम अपनी सोच को काला नहीं करेंगे।
भेद-मतभेद सब छोड़कर
एक तरह की सोच रखेंगे।

यशोदा मुर्मू

अचानक ही घिर जाती हूँ
अनन्त अपार सघन उदासी से।
यादों में कौंध उठता है
उस द्वीप का एक घना जंगल
मेरा हृदय तपने लगता है।
मानो वैशाख की दोपहर में
सूरज के नीचे खड़ी हूँ।

यशोदा मुर्मू

यशोदा मुर्मू का जन्म 24 जुलाई, 1964 को दिवंगत माँ-बाबा पार्वती मुर्मू और देवराज हाँसदा के संताल आदिवासी परिवार में हुआ। यशोदा झारखंड के चाकुलिया, सिंहभूम स्थित बारदिकनपुर की स्थायी निवासी हैं और पंजाब एंड सिन्ध बैंक में आजीविका की वजह से अब कोलकाता में रह रही हैं। इन्होंने संताली भाषा-साहित्य में एम.ए. किया है और मुख्य रूप से कविता व कहानियाँ लिखती हैं। डॉ. अंबेडकर फेलोशिप नेशनल अवार्ड 2009 से सम्मानित यशोदा की दो पुस्तकें प्रकाशित हैं—तोवा डरे और सांवहेत डरे। ऑल इंडिया संताली राइटर्स एसोसिएशन से सम्बद्ध और ऑल इंडिया रेडियो एवं दूरदर्शन केन्द्र, कोलकाता से सलाहकार सदस्य के रूप में जुड़ी यशोदा मुर्मू 2008-2012 के सत्र में साहित्य अकादमी के संताली एडवाइजरी बोर्ड की मेम्बर भी रह चुकी हैं।

यशोदा मुर्मू संताली भाषा में लिखती हैं और अपनी कविताओं व कहानियों से उन्होंने आदिवासी सृजनात्मकता को नया आयाम दिया है। इनकी पहली कविता 'रो रहे हैं पेड़ और पत्थर' का अन्दाजे बयाँ बिलकुल अलग है। इस कविता में वे पाठकों को उन लोगों से मिलवाती हैं जो 'बेचैन हैं और चुप हैं।' जिनके 'सपनों में आता है बुलडोजर/और कतारों में खड़े हैं डम्पर।' ये बेचैन और चुप लोग कौन हैं यह बताने की आवश्यकता नहीं है। हम सभी जानते हैं कि आदिवासी समाज सभ्यता के सबसे बीहड़ दौर से गुजर रहा है। व्यवस्था की इस बीहड़ता में वह चुप है। चुप है मतलब बेचैन और चुप है। सामान्यतया यह लग सकता है कि जब आदिवासी समुदाय अपने हक-हकूक के लिए लड़ रहा है तो कवयित्री उसे 'चुप' क्यों बता रही है? यहीं पर हमें आदिवासी दृष्टिकोण को समझने की जरूरत है। क्योंकि कवयित्री ने 'बेचैनी' का इस्तेमाल यहाँ संघर्ष के लिए किया है। 'प्रतिरोध' का जो 'लाउडनेस' है, वह आदिवासियों की प्रकृति नहीं है।

आदिवासी समाज की इसी बेचैनी को अपनी कविता 'आदिम जारवा' में यशोदा मुर्मू ने एक दूसरे ढंग से बरता है। वे लिखती हैं : 'अनन्त लहरें जैसे समन्दर में/सवाल उठते कई मन में/स्वाधीन देश में/तुम हो कैद में/तुम्हारे लिए नया कानून बना/तुम्हारे साथ मिलना हुआ मना।/क्यों ?' इन पंक्तियों के जरिए यशोदा ने भारतीय सरकार और सत्ता के मूल चरित्र को उद्घाटित किया है। उनका यह सवाल सत्ता की उस औपनिवेशिक मनोवृत्ति पर है जो आदिवासियों को अपराधी समुदाय मानती है। देश के किसी भी समुदाय को 'अलगाव' में डाले रखना भी प्रकारान्तर से गुलामी में ही जकड़ना है।

'नारी' और 'स्वाधीन भारत में है कहाँ नारी का स्थान' कविताओं में यशोदा का स्त्रीपन मुखरित हुआ है। यह स्त्रीपन निस्सन्देह गैर-आदिवासी समाज के प्रभाव से सामने आया है। 'मर्दों की बनाई इस दुनिया में/तेरा भी वजूद है/तेरे भी जज्बात हैं' यह पंक्तियाँ आदिवासी दर्शन का निषेध करती हुई बताती हैं कि आजादी के बाद हुए औद्योगीकरण के फलस्वरूप आदिवासी इलाकों में आई 'बाहरी' आबादी की सामन्ती संस्कृति ने किस हद तक आदिवासी समाज पर प्रभाव डाला है। आदिवासी संस्कृति के सभी आयामों पर गैर-आदिवासियों के मिथकों ने शिक्षा, भाषा और धर्म के जरिए किस तरह से घुसपैठ की है, इसी की बानगी है 'स्वाधीन भारत में है कहाँ नारी का स्थान' कविता की ये पंक्तियाँ—'भरी सभा में हुआ था/वस्त्रहरण द्रौपदी का/ऐसा ही जब हमने हम पर होते देखा/गुवाहाटी की भीड़ भरी सड़क पर।' बाहरी धर्म-दर्शन का प्रभाव कितना घातक है और यह किस तरह से आदिवासी समुदायों के सोच को विकृत कर रहा है तथा इस विकृति से कैसे आदिवासी स्त्रियों की गरिमा सामाजिक रूप से छीनी जा रही है, इसे वे आगे उद्घाटित करती हैं, 'एक अन्तहीन किस्सा है/जो यहीं खत्म नहीं होता/हमने फिर से देखा/बंगाल के बीरभूम में/पंच के फैसले ने/किया वस्त्रहरण सुनिता मुर्मू का।'

यशोदा मुर्मू की कविताएँ आदिवासी समाज के संक्रमणकालीन स्थितियों से हमारा परिचय कराती हैं। जहाँ आदिवासी समाज अपनी परम्परा और थोपी जा रही आधुनिकता के धुन्ध और द्वन्द्व में घिरा है। स्थितियों के वर्णन, सवालों के प्रस्तुतिकरण और आत्मालोचना के जरिए वे संक्रमण काल के भयावह अनुभवों को पूरी संजीदगी से अभिव्यक्त करती हैं।

सम्पर्क : डी1, डीई-73, सौहार्द अपार्टमेंट, पुबाली नारायणतला (पूर्वी),
अश्विनी नगर, बागौती, कोलकाता - 700159 (प. बंगाल)

रो रहे हैं पेड़ और पत्थर

गया था दुमका जिला
वहाँ मिले हम
हमारे अपने लोगों से
बेचैन हैं जो और चुप हैं
लेकिन रो रहे हैं पेड़ और पत्थर।

मैंने पूछा हवा से
जवाब मिला चुपके से
पेड़ और पत्थर यहाँ के थे राजा-रानी
अब यहाँ दूसरों की है मनमानी।

बुलडोजर से तोड़े जा रहे हैं
बड़े-बड़े पत्थर
पत्थर को धूल बनते देर नहीं लगती
और देखते ही देखते धूल से
ढक जाती है पेड़ों की हरियाली।
इनसानों और पत्थरों की तरह ही
पेड़ों ने भी कर दिया है समर्पण

पत्तों पर मोती जैसी झिलमिलाती
ओस के बूँदों की छिन गई खुशियाली
सपनों में आता है बुलडोजर
और कतारों में खड़े हैं डम्पर

पसीने से सने
शरीर हैं धूल से भरे

गरीब की मजबूरी
अपनी ही जमीन पर कर रहे हैं मजदूरी
तोड़ रहे हैं धूप में बड़े-बड़े पत्थर
वे सब हैं हमारे ही वंशधर
आज रो रहे हैं पेड़ और पत्थर।

नारी

धरती पर हुआ तेरा जन्म
चन्दा ने दिया तुझे नया जीवन,
ऐसे में मन को तुम न मार
तू है ईश्वर का दिया उपहार,
नारी, यह है तेरा संसार।

बुद्धि-शक्ति भरपूर तुझमें
तू है सच का दर्पण
नारी कमजोर न है तू
निकल घर के आँगन।

माँ-बाबा का आशीर्वाद
भाई-बहन का लाड़
इन संस्कारों को लेती तुम बाँट
ससुराल में सेवा, प्यार, दुलार।

मर्दों की बनाई इस दुनिया में
तेरा भी वजूद है,
तेरे भी जज्बात हैं,
न झुके तू, न हटे तू,

स्वाधीन भारत में है कहाँ नारी का स्थान

अब तक मन में उठता है यह सवाल कि
स्वाधीन भारत में है कहाँ नारी का स्थान?
आए थे जब अंग्रेज देश में,
छीना हमसे था कानून हमारा,
बना के तब तक हमको
अत्याचार का शिकार
जब तक ना उठाए हमारे वीरों ने
तीर-धनुष, तलवार
और आवाज हमारी।
फिर भी क्यों?
क्यों यह सवाल अब तक मन में उठता है
कि स्वाधीन भारत में है कहाँ नारी का स्थान?

अमीर-गरीब में न था कोई फर्क
ना था जाति धर्म का भेदभाव
था तो बस भारत दिसुम के सम्मान का धर्म
और उनकी सन्तानों की रक्षा का कर्म
जिसके लिए उठ खड़े हुए थे हमारे वीर
छाती अपना तान के।
फिर भी क्यों?
क्यों यह सवाल अब तक मन में उठता है
कि स्वाधीन भारत में है कहाँ नारी का स्थान?

समाज के बन्धनों में जकड़ी
अब भी नारी पराधीन है
नहीं मिला अब तक हक हमको
कि कर सकें अपनी माँगों को पूरा।
देख रहे हैं चलती राहों पर
रेल हो यह मोटर पर
हाट हो यह बाजार पर
हो रहा है हम पर अत्याचार
दिख नहीं रहा हमको न्याय का द्वार
हो रहे हैं अब हम
बलात्कार का शिकार
लगा रहे हैं अब हम
अपनी रक्षा की गुहार
थे हम पहले गैरों के गुलाम
पर अब अपनों ने भी किया जीना हराम।
शायद इसलिए
मन में उठता है एक ही सवाल
कि स्वाधीन भारत में है कहाँ नारी का स्थान?

सुनी थी जो कहानियाँ दादी-नानी से
पढ़ा था जिसे हमने ग्रन्थों में
महाभारत के उसी पाठ में
राजगद्दी के न सँभले लोभ पर
भरी सभा में हुआ था
वस्त्रहरण द्रौपदी का
ऐसा ही जब हमने हम पर होते देखा
गुवाहाटी की भीड़ भरी सड़क पर
उठे बिना नहीं रहा यह सवाल
कि स्वाधीन भारत में है कहाँ नारी का स्थान?

थमते नहीं आँखों में आँसू
सूख गई गले की थूक
दिल दहला और रोंगटे खड़े हो गए
जब देखा हमने देश का ऐसा रूप
अपने देश के ही प्रदेशों में
हो रहा है कुछ ऐसा ही
फिर से हुआ हम पर यह जुल्म
जब असम की राजधानी में दिखा
नंगेपन का विस्तार...अपार
देश की बेटी लाचार...तार-तार।

एक अन्तहीन किस्सा है
जो यहीं खत्म नहीं होता
हमने फिर से देखा
बंगाल के बीरभूम में
पंच के फैसले ने
किया वस्त्रहरण सुनिता मुर्मू का
शायद इसी कारण बार-बार
मन में उठता है एक ही सवाल
कि स्वाधीन भारत में है कहाँ नारी का स्थान?

झलक रही है आँखों में
दिल्ली की दामिनी
न जाने कितने कितने नाम
कितने कितने चेहरे
गूँज रही है कानों में
देश की राजधानी से लेकर
राज्य, जिला, प्रखंड और गाँवों तक
नारी की एक ही चीख
कि कोई हमें बचाए

हम तो झुलस ही रहे थे
अन्धविश्वास, कुसंस्कार और दहेज की आग में
बलात्कार के इस दर्द को कैसे सहें
कोई हमें बताए।
इसीलिए बार-बार, बार-बार
अब तक मन में उठता है एक ही सवाल
कि स्वाधीन भारत में है कहाँ नारी का स्थान?

देश की हर नारी से है यही अरदास
जरा याद करें
जरा याद करें सिनगी दई, कैली दई का साहस
गाएँ झूम-झूम फूलो, झानो का स्त्री गान
नहीं भूलें मातुंगगिनी हाजरा का बलिदान
याद करें हम वीरांगना माकी मुंडा महान

करें दिल में संकल्प हो मन में दृढ़ विश्वास
हम ही दिसुम जननी और धरती की आस
नई नारी, नया गीत, नई धूप, नई उजास

आदिम जारवा

अशान्त असंख्य लहर लिए
उमड़–घुमड़ रहा है समन्दर
उस समन्दर के बीच
स्थिर खड़ा है एक द्वीप।

देखती हूँ आकाश में उड़ रहे पंछियों को
और दूर–दूर देश जाते जहाजों को
समा जाती हैं असंख्य लहरें मुझमें
मन तरंगित हो उठता है।
अचानक ही घिर जाती हूँ
अनन्त अपार सघन उदासी से।
यादों में कौंध उठता है
उस द्वीप का एक घना जंगल
मेरा हृदय तपने लगता है।
मानो वैशाख की दोपहर में
सूरज के नीचे खड़ी हूँ।

अनन्त लहरें जैसे समन्दर में
सवाल उठते कई मन में
स्वाधीन देश में
तुम हो कैद में
तुम्हारे लिए नया कानून बना

तुम्हारे साथ मिलना हुआ मना।
क्यों ?

जंगल के खूँखार जानवर भी
मिल-जुल गए हैं मानव के संग
और अति खूँखार बताए जाते हो तुम
मानव होकर भी।
क्यों ?

खाली बदन सपाट सूरत
खड़े हो जाते हो सड़क किनारे
तुम निकले फर्ज अपना निभाने
लेकिन लोग समझे आए हो रिझाने
आखिर क्यों ?

कब तक रहोगे जड़वत् स्थिर
अब मानो तुम बात हमारी
प्रगट करो ध्वनियाँ अपनी सारी
प्रतिध्वनित होगी धरती भी।

तुम हो जारवा तो हम हैं संताली
दोनों का परिचय एक है आदिवासी
तुम भी छीनो अपना हक-अधिकार
तुम भी आदिवासी हम भी आदिवासी
सिनगी, सिदो, बिरसा के उत्तराधिकारी

ज्योति लकड़ा

अनाकोंडा और कोबरा दंश के सरसराने से
सनकने लगे हैं तीर
तिलका, सिदो, कान्हु और टंट्या भील के
अँधेर-दिसुम में
बलुआ चमकने लगे हैं
बुधु वीर और वीर बिरसा के
गाँव-गाँव
गड़गड़ाने लगे हैं नगाड़े

ज्योति लकड़ा

ज्योति लकड़ा तेजी से उभरती हुई उराँव आदिवासी समुदाय की लेखिका है। एग्नेस लकड़ा और मिलियानी तिर्की की सन्तान ज्योति नावाटोली, बरगड़, भंडरिया, जिला गढ़वा (झारखंड) की रहने वाली है और जुझारू एक्टिविस्ट व युवा लेखक सुनील मिंज की संगिनी है। 17 दिसम्बर, 1976 को जन्मी ज्योति ने अपनी प्रारम्भिक शिक्षा गढ़वा से पूरी की और संत कोलम्बस कॉलेज, हजारीबाग से स्नातक किया। फिलहाल वह जनजातीय एवं क्षेत्रीय भाषा विभाग, राँची विश्वविद्यालय, राँची से कुड़ुख (उराँव) भाषा-साहित्य में एम.ए. कर रही है। ज्योति की पहली कहानी 'कोराईन डूबा' खूब चर्चित रही है और आदिवासी सौन्दर्य में पगी हुई उसकी कविताओं ने आदिवासी काव्य-परम्परा में नई धमक पैदा की है।

ज्योति लकड़ा की कविताओं में आदिवासी और स्त्री चेतना मुखर है। वह आदिवासियों के हक-हुकूक पर कब्जा जमाए गैर आदिवासियों, स्त्रियों को दूसरे दर्जे की नागरिक बनाए पुरुष सत्तात्मक व्यवस्था और स्वयं आदिवासियों में व्याप्त कुरीतियों के चलते उनकी खोखली हो रही जीवन दशा से जुड़े सवालों को अपनी कविताओं का विषय बनाती है।

पुरुष सत्तात्मक व्यवस्था को टारगेट करते हुए वह अपनी कविता में सवाल उठाती है, 'तुम डरते हो मुझसे/इसलिए मेरा इतिहास मिटा/अपना इतिहास गढ़े तुमने।/तुम डरते हो मुझसे/इसलिए धर्म ग्रन्थों में/बराबरी और इनसान का दर्जा नहीं दिया।' स्त्रियों को लेकर ज्योति परम्परा के नाम पर आदिवासियों में चली आ रही कुरीतियों पर भी नब्ज रखती है। 'टोनही' नामक उनकी कविता एक स्त्री की टोटके पर नाम की गई दुर्दशा को उधेड़ती है। कवयित्री लिखती है : 'नेवता नहीं दी जाती है उसे/शुभ कार्यों में/नहीं दी जाती गोद में उसके/नवजात शिशु/नहीं दिखाई जाती उसे/नई दुल्हन.../मुड़वाकर केश/घुमाई जाती है वह/पूरे गाँव.../कर दी जाती है उसकी हत्या/पर कोई नहीं

पूछता सवाल?' कविता की अगली पंक्ति दहकते हुए शोले की तरह पाठकों को अपने जद में ले लेती है। वह पंक्ति है : 'क्योंकि इंसाफ के एक पलड़े में/हमेशा ही पत्थर हुआ करती है।' ज्योति अपनी कविताओं के माध्यम से पुरुष सत्ता के आधिपत्यपूर्ण दखल के भेदभावपूर्ण इतिहास लेखन का शिनाख्त करते हुए कहती है, 'तुम डरते हो मुझसे/इसलिए मेरा इतिहास मिटा/ अपना इतिहास गढ़े तुमने।/तुम डरते हो मुझसे/इसलिए धर्म ग्रन्थों में/बराबरी और इनसान का दर्जा नहीं दिया।'

ज्योति के यहाँ झारखंड का इतिहास, संस्कृति, और यहाँ की पूरी परम्परा बोलती है। 'साखू का पेड़ ढह गया' उनकी एक बहुत ही उम्दा कविता है। इसमें वे झारखंड के प्रखर बौद्धिक अगुआ और सांस्कृतिक नेतृत्व डॉ. रामदयाल मुंडा को साल मानते हुए, जो झारखंड की पहचान है, उन्हें याद करती है। साखू पेड़ को पूरी झारखंडियत की पहचान से जोड़ते हुए वह लिखती है, 'जिस साखू के पत्ते से/झारखंडी अपनी लड़ाई के सन्देश/चहुँ दिशा भेजते रहे/जिसके सड़े पत्ते से/झारखंडी खाद-पानी पाकर पलते रहे/वह साखू का पेड़ ढह गया।'

अपनी 'लोहा' कविता में ज्योति रचाव और बचाव के इतिहास व वर्तमान को इस्पाती चेतना के साथ वर्णित करती है।

'अनाकोंडा और कोबरा दंश के सरसराने से
सनकने लगे हैं तीर
तिलका, सिदो, कान्हु और टंट्या भील के
अँधेर-दिसुम में
बलुआ चमकने लगे हैं
बुधु वीर और वीर बिरसा के
गाँव-गाँव
गड़गड़ाने लगे हैं नगाड़े'

यह चेतना झारखंड आन्दोलन की उस विरासत से उपजी है, जो झारखंड के आदिवासियों की थाती है। एक गतिशील थाती। जो हमें आश्वस्त करती है कि हूल और उलगुलान की युद्ध परम्परा जारी है और आदिवासी सदियों बाद भी 'सरेंडर' करने से इनकार कर रहे हैं।

सम्पर्क : दूसरी गली, शास्त्री नगर, कांके रोड,
राँची-834008 (झारखंड)

बाँस बखार

आँधी, तूफान और बवंडरों
के बीच
हरे हैं बाँस के पत्ते
बाँस दब जाती है
तूफानों के जोर से
हरे बाँस के जंगल में
जड़ें नहीं जमा पाता कोई
अपने विस्तार में बाँस
बढ़ता जाता है
सलय-सलय, लसय-लसय।

बाँस की बढ़त से बेताब पुटुस
बाँस बखान के
पढ़े कई कसीदे
अपनी बखान सुन
फूल गया बाँस
बाँस फूलों की दहदह से
दहकने लगा जंगल
बाँस फूलों की महक
आँधी, तूफान और बवंडरों तक पहुँची
सब दौड़े आए
घने बाँस के जंगल में
गरिमा से मदमस्त बाँस

आपस में टकराए
बाँसों की इस टक्कर से
सुनहले बाँस वन में
आग की एक लपट पैदा हुई
आग के इस लपट से
चटखते बाँस शोला बन
गिरने लगे चहुँ दिशा
आग की तपिस से
आँधी, तूफान और बवंडर
ऊपर उठे और साथ ले उड़े
बाँस बीज
तूफान संग मँडराता रहा बाँस बीज
मुक्ताकाश में
जमीन के ठंडे होते ही
बारिश की पहली बूँदों के साथ
गिरा धरती पर बाँस बीज
रौंदते पाँवों को कनकारते
पूरी धरती पर उग आया
करील गोजा
सलय-सलय, लसय-लसय।

शब्द संकेत : बाँस बखार आदिवासी समुदाय।
पुटुस—दिकू समाज।
दिकू दिक-दिक करने वाले, बाहरी, शत्रु।
आँधी, तूफान और बवंडर—
साम्प्रदायिक फासीवादी शक्तियाँ।
करील गोजा-काँटेनुमा नन्हे बाँस पौधे
जो वयस्क होने पर बाँस बनता है।

सपना

दिखाई जाती है
उन्हें
रत्न जड़े दिनों के सपने
जैसे
दिखाया जाता है
पतिंगों को रोशनी का
रंगीन सपनों के समन्दर में
डुबकियाँ लगाते डूब जाते हैं वे
जैसे चिराग में पतिंगे।

साखू का पेड़ ढह गया

(रामदयाल मुंडा के लिए)

आठों पहर बारहों मास
मौसम की मार झेलता
जड़ जमाए ढीठ-सा खड़ा
अपने साए में पल रहे रूगड़ा, खुखड़ी
और नन्हे पौधों का संरक्षणकर्ता
दिउड़ी का वह साखू पेड़ ढह गया।

जिस साखू के पत्ते से
फूल चिभिया चिड़ियाँ अंडे देने के लिए
अपना घोंसला तैयार करती रही
जिसके खोंड़र में सुग्गा, मैना, धनेस
और गुदरूम बच्चे चेरे-बेरे करते रहे
वह साखू का पेड़ ढह गया।
जिस साखू के पत्ते से
झारखंडी अपनी लडा़ई के सन्देश
चहुँ दिशा भेजते रहे
जिसके सड़े पत्ते से
झारखंडी खाद-पानी पाकर पलते रहे
वह साखू का पेड़ ढह गया।

जिस साखू की लकड़ी के बने
ढोल से अखड़ा दहकता रहा

जिसकी लकड़ी से आन्दोलन की
आग सुलगती रही
वह साखू का पेड़ ढह गया।

जिस साखू की छाँव तले बच्चे
लोका-गोटी लोकते, मवेशी पगुराते,
लिट्टा बैलों को आराम दे
सरई लाठा खाने बहाने कुछ पल सुस्ताता।
जिसकी छाँव तले पड़हा राजा
नीतियाँ तय कर लागू करते रहे
वह साखू का पेड़ ढह गया।

जिस साखू के फूलने से
सरहुल उत्सव मनता
जिसके नीचे बैठ बइगा पाहन
सरना पूजा कर लुटकुम बूढ़ी की
आराधना करते रहे
वह साखू का पेड़ ढह गया।

जिस साखू की डाल पर
आधी रात कोयल कूकती
भिनसारे कौओं का कलरव होता
मुँह अँधेरे भौंरे बाँसुरी-तान छेड़ते
जहाँ चौबीसों घंटे झींगुर गाते रहते
वह साखू का पेड़ ढह गया।

जिस साखू के आश्रय में
साँझ होते ही चारों दिशाओं से
चिड़ियों की झुंड लौट आती
जिस साखू के आश्रय में भूले-बिसरे

मवेशी सारी रात विश्राम करते
वह साखू का पेड़ ढह गया।

झारखंडी संस्कृति की धरोहर
विशाल साखू पेड़ ढह गया दादा,
वह साखू का विशाल पेड़ ढह गया
अब इस विशाल साखू पेड़ को
कैसे जोगाओगे दादा कैसे बरतोगे
वह साखू का पेड़ ढह गया।
ऐसे विशाल साखू पेड़ को
मेरा जोहार, जोहार, जोहार!

लोहा

झर गई हैं पेड़ों की पीली पत्तियाँ
उनमें लौकने लगी हैं कोंपलें
लाल हरे साल पत्र
घुमाया जा रहा है
जंगल-जंगल
अनाकोंडा और कोबरा दंश के सरसराने से
सनकने लगे हैं तीर
तिलका, सिदो, कान्हु और तांत्या भील के
अँधेर-दिसुम में
बलुआ चमकने लगे हैं
बुधु वीर और वीर बिरसा के
गाँव-गाँव
गड़गड़ाने लगे हैं नगाड़े
डोलने लगे हैं
जंगल
डगमग-डगमग
जलाई जा रही हैं
भट्ठियाँ
जंगल-जंगल
साखू के सुलगते अंगार में
तपने लगी हैं
कोयलकारो, काठीकुंड, कलिंगा
सारंडा, सिंगुर दन्तेवाड़ा

तेलंगाना, बस्तर, लालगढ़
नेतरहाट, नन्दीग्राम, नियमगिरी
और
नगड़ी का लोहा
लेने के लिए
लोहा, लोहा...

टोनही

नेवता नहीं दिया जाता है उसे
शुभ कार्यों में
नहीं दिया जाता है गोद में उसके
नवजात शिशु
नहीं दिखाई जाती उसे
नई दुल्हन
खिलाया जाता है उसे
कच्चा कलेजा
मुड़वाकर केश
घुमाई जाती है वह पूरे गाँव
पहनाकर टुठकी बढ़नी
नचाई जाती है वह भरी सभा में
पीटा जाता है उसे इतना
कि दुबारा उठ न सके
लगाया जाता है जुर्म उस पर इतना
कि दे न सके जितना
विट्ठल किया जाता है उसे
गाँवों से
लूट ली जाती है उसकी
अस्मत
कर दी जाती है उसकी
हत्या
पर कोई नहीं पूछता

सवाल ?
क्योंकि इंसाफ के एक पलड़े में
हमेशा ही पत्थर हुआ करता है।
टोनही-डायन
विट्ठल—गाँव से बहिष्कृत।

तुम्हारा डर

तुम डरते हो मुझसे
इसलिए मेरा इतिहास मिटा
अपना इतिहास गढ़ा तुमने।

तुम डरते हो मुझसे
इसलिए धर्म ग्रन्थों में
बराबरी और इनसान का दर्जा नहीं दिया।

तुम डरते हो मेरी गरिमा से
इसलिए योनि पूजा की जगह
लिंग पूजा स्थापित की तुमने।

तुम डरते हो मेरे स्त्रीत्व से
इसलिए अब तक झूठ बोलते रहे हो
कि तुम सृष्टिकर्ता हो।

तुम डरते हो मेरा सामना करने से
क्योंकि तुम बौने हो
इसलिए भ्रूण ही धो डालते हो मेरी।

तुम डरते हो मेरी बुद्धिमत्ता से
इसलिए डायन का षड्यंत्र कर
मेरी हत्या करते रहे हो तुम।

तुम डरते हो मुझसे
इसलिए घोंघे-सी सुरक्षा घेरे के
चक्रव्यूह में फँसाए रखते हो मुझे
कि मैं उससे कभी बाहर निकल ही न सकूँ।

तुम डरते हो मुझसे
कि तुम्हारा भेद खुल चुका
कि अब किसी भूलभुलैया में
नहीं रहूँगी मैं।

तुम डरते हो मुझसे
कि अपने हिस्से की लूँगी मैं जमीं-आसमाँ
अब तुम्हारे खैरात की जरूरत नहीं मुझे।

तुम डरते हो मुझसे
इसलिए गल गुणसूत्र को श्रेष्ठ कहते हो
जबकि मेरे पास गग दो गोटा गुणसूत्र हैं
और तुम्हारे पास पौने दो।

तुम डरते हो मुझसे
कि मैं तुम्हें नकार न दूँ
क्योंकि तुम्हारे बगैर भी मैं
अपनी पीढ़ी को बचाए रखने में सक्षम हूँ
पर तुम नहीं।

अब भी वक्त है सँभल जाओ तुम
कि तुम्हारी तरह क्रूर न हो जाऊँ मैं
अगर तब भी नहीं चेते तुम
तो भूल जाऊँगी मैं तुम कौन हो कौन थे?

विकृति

बेसुध बिखरे बाल
न पल्लू
न हिजाब
न सिन्दूर
बस एक आक्रोश था चेहरे पर
रिनपास[1] जाते हुए
तेज कदमों से वह
निकल जाना चाहती थी आगे
अपने साथी का हाथ झटक
झटक देना चाहती थी वह
हर वर्जनाओं को
जो जकड़े रखना चाहते थे उसे
अपने ऊपर थोपे गए हर निर्णय को नकार
बढ़ जाना चाहती थी वह
गर ये विकृत मानसिकता की उपज है
तो विकृत है वह
उसने देखे हैं
सभ्य समाज के विकृत चेहरे
इसलिए झटके

1. रिनपास—राँची इन्स्टीच्यूट ऑफ न्यूरो साइक्याट्रिक एलाइड साइंसेस।

तुम्हारे हाथ
बढ़ जाने के लिए
आगे बहुत आगे।

जसिंता केरकेट्टा

मेरी जमात में शामिल होने से पहले
सोचो क्या लौटा सकोगे ?
मेरे गाँव की वह नदी की निश्चलता
मेरे जंगल में महुए और
आम के बौरों की खुशबू
वह कच्ची पगडंडी

जसिंता केरकेट्टा

जसिंता केरकेट्टा का जन्म 3 अगस्त, 1983 को झारखंड के सिंहभूम जिले के मनोहरपुर प्रखंड स्थित खुदपोश गाँव में एक उराँव आदिवासी परिवार में हुआ। इनकी माँ पुष्पा अनिमा केरकेट्टा हैं और पिता जयप्रकाश केरकेट्टा पुलिस विभाग में मुलाजिम हैं। जसिंता की मैट्रिक की शिक्षा कारमेल हाई स्कूल चक्रधरपुर से हुई। संत जेवियर कॉलेज राँची से इन्होंने मास कम्यूनिकेशन में स्नातक किया।

छात्र जीवन से साहित्य में अभिरुचि होने के कारण काव्य लेखन में इनकी दिलचस्पी थी। स्कूल, कॉलेज की पत्रिकाओं में इनकी रचनाएँ छपती रहीं। 1998 से इनकी कविताएँ, लेख व रपटें विभिन्न पत्र-पत्रिकाओं में छपने लगीं। दैनिक 'हिन्दुस्तान', 'प्रभात खबर' व 'जागरण' जैसे अखबारों से जुड़कर इन्होंने पत्रकारिता की और टीवी जर्नलिस्ट भी रहीं। इस दरम्यान विभिन्न पत्र-पत्रिकाओं में इनकी रपटें व कविताएँ छपती रहीं। आकाशवाणी से भी इनकी कविताएँ प्रसारित होती रही हैं। अभी वे 'गुलेल डॉट कॉम' दिल्ली के एक नए खोजी वेब पत्रिका से जुड़कर झारखंड के आदिवासी जीवन संघर्ष पर लगातार लिख-पढ़ रही हैं।

भेदभाव जसिंता केरकेट्टा की कविताओं का केन्द्रीय भावपक्ष है। स्त्री-पुरुष का भेदभाव, आदिवासी-गैर आदिवासी का भेदभाव, प्राचीनता और आधुनिकता का भेदभाव, गाँव-शहर का भेदभाव, व्यवस्था और आम आदमी का भेदभाव इनकी कविताओं में आप हर कहीं पाएँगे। कहीं इसकी अभिव्यक्ति में कच्चापन है तो कहीं तल्खी इतनी कि इकहरापन इनकी कविताओं की सीमा बन जाती है। और कहीं-कहीं सलीके से वे अपनी बात बारीकी से कह जाती हैं। अपनी एक कविता में वे पुरुष सत्ता को टारगेट कर लिखती हैं : 'मैं अब न तो गुलाम हूँ न कभी रहूँगी/मेरी आवाज अब जाएगी

दूर तलक/तुम्हारे कानों को भेदेगी/भोर के अजान की तरह/मैं अब लड़ूँगी, लड़ती रहूँगी तुम्हारी बनाई/इस व्यवस्था से कि/मुझे जीना है इस धरती पर एक इनसान की तरह।'

अपने हक-हुकूक को लेकर इस युवा आदिवासी कवयित्री में गजब की चेतना है। तभी तो वह उद्घोष करती है, 'यह हक की जंग है/तुम्हें नहीं है/हिम्मत हारना/हिम्मत भी ऐसे रखना/ कि अँधेरे में/उम्मीद की चिरागें जलाकर।'

जसिंता ने आदिवासी समुदाय के भीतर की कुरीतियों को भी अपनी कविताओं का विषय बनाया है। द्रष्टव्य हैं ये पंक्तियाँ : 'गुनाह था उसका/ कि लड़के से पहले/लड़की के लिए क्यों/कपड़े खरीदने गई बाजार/मैंने देखा है हर बार माँ को/जलील होकर टूटते हुए/और खुद को पाया हर हंगामे के बाद/बिखरे काँच के टूटे टुकड़ों को/समेटते हुए...'

इसी तरह जसिंता ने और भी कई कविताएँ लिखी हैं जिसमें गैर बराबरी के कारणों पर चोट है। वे अपनी कविताओं में बेबाकी के साथ जहाँ कहीं उन्हें विषमता नजर आती है उस पर खुलकर चोट करती हैं। बगैर यह चिन्ता किए कि लोग क्या कहेंगे।

सम्पर्क : शान्ति नगर, ओल्ड एच.बी. रोड,
कोकर, राँची-834001 (झारखंड)

वह कौन है ?

मेरी कहानियों में वर्षों तक
एक बूढ़ी औरत राज करती रही
सखियाँ पूछा करती थीं
कौन है वह औरत ?
जो हर बार तुम्हारी लेखनी से
निकलकर कागज पर
उतर आती है
क्या वास्ता है तुम्हारा उस औरत से
क्यों सालों से वह
तुम्हारी कहानियों पर कब्जा जमाए बैठी है,
मैं चुप रहती थी, खामोशी से कहती थी
तुम समझ नहीं पाओगी
वह मेरे अतीत की परछाईं है
या मेरे भविष्य का आईना
कोई तो रिश्ता है उसका मेरे वजूद से
जिससे हर मोड़ पर होता है मेरा सामना,
मैंने कच्ची उम्र में दुनिया देखी थी
उनकी आँखों से,
एक प्रेमिका, एक पत्नी, एक माँ के रूप में
वह अतुल्य थी
जिसे पल-पल मैंने देखा था मरते हुए
फिर देखा था
उसका हर सुबह मर कर जी जाना,

खामोशी में वह मेरी आवाज बन गई
दुबले-पतले बीमारी से टूटे बदन के लिए
परवाज बन गई,
वह शुरुआत थी मेरी कहानियों की
और अन्त भी वही है
इसमें नहीं कोई शक है,
अक्सर वह मेरी कहानियों में घर जमाए रहती है
मानो मेरी लेखनी से कागज पर उतरना उसका हक है।

किताबों में ढूँढ़ती हूँ

ढूँढ़ती हूँ अपनी
जमीन का इतिहास
बंजर हो चुकी
मिट्टी की फीकी महक
पतझड़ के पीले पत्तों में
नहीं दिखती अब वह हरियाली
क्यों नहीं
दिखते वह हरे-लहलहाते खेत
वह उड़ता हुआ चिड़ियों का झुंड
वह खेतों की पगडंडियों पर
फुदकता जोड़ा मैना
और
हवा में लहराते सनई के फूल
छूकर मन को
भिगो गया था जो
वह ओस की चन्द बूँदें
वह चिड़ियों का उड़ता झुंड
कहाँ गुम हो गया
वह मेरा आशियाना
ऐसा लगता है सब कुछ था
सच-सा लगने वाला सपना
क्यों मेरी खुशियाँ
किसी को भाती नहीं

लूट लेते हैं मेरी जमीन
छीन लेते हैं हमारी हरियाली
हो जाती है वह प्यारी मैना
लँगड़ी
और दिखता है बाजारों में
डिब्बा बन्द सनई का फूल
मेरा मन
ढूँढ़ता है मेड़ों पर बिखरी यादें
टूट रही है
इन राहों पर
खुद से किए
कई पुराने वादे
मैं चन्द पैसों की नौकरी में
दिन भर फिरती हूँ
धूल फाँकती हुई शहर में
खुद को कैद कर लेती हूँ
हर शाम कमरे में
और
हवा के झोंकों से
फड़फड़ाते किताब के
पन्नों के बीच
ढूँढ़ती हूँ
अपनी जमीन का इतिहास।

गुलाम

वह तुम्हारे हक की
बात बोलेंगे
तुम्हें अपने हिसाब से
अपनी तराजू पर तोलेंगे
तुम अपनी तरफ
लोगों की देख जमात
यूँ खुशी से मत झूमना
कि झूम के
उनके चरण-कमल
लोट-लोट के मत चूमना,
कि वे तुम्हारे ही हक में
बोलेंगे
तुम्हारे दर्दों के
तुमसे भी ज्यादा
राज खोलेंगे,
तुम्हें देंगे मंच जहाँ
अपनी लाचारी खुलकर
बोलना
बोलना भी ऐसे कि
दिल के कोने-कोने से
दर्द के सारे पिटारे खोलना
खोलना भी लोगों को देखकर
बेवजह-बेअसर बातें न कहना

कहना ऐसे कि सामने वाले को
जख्मी करे तुम्हारा दर्द झेलना,
फिर वह तुम्हारे ही दर्द की
करेंगे व्याख्या
दिखाएँगे तुम जैसे
दर्दे दिल वालों की
भारी संख्या,
फिर वह
तुम्हें धरना प्रदर्शन पर बिठाएँगे
तुम्हारे लिए मंच पर
चीखेंगे-चिल्लाएँगे
जब वे चीखेंगे-चिल्लाएँगे
तुम्हें चुपचाप है रहना
जब कहा जाए तुमसे
कुछ कहने को
तब रो-रोकर
तुम हाल सुनाना
वह बार-बार कहेंगे तुमसे
मंजिल अभी मिली नहीं है
अभी तो
सरकार की तख्ती भी
हिली नहीं है
यह हक की जंग है
तुम्हें नहीं है
हिम्मत हारना
हिम्मत भी ऐसे रखना
कि अँधेरे में
उम्मीद की चिरागें जलाकर
उनके लिए कम-से-कम
जिन्दा रहना,

कुछ बातों को छोड़कर
बाकी बातें होंगी तमाम
समझना होगा उन अनकहे
इशारों को
किसके मुँह में छूरी
और बगल में है राम
हर कोशिश होगी यही
कि
किसी–न–किसी तरह
किसी–न–किसी के,
हर सदी हर काल में
बस बने रहो तुम गुलाम॥

पहाड़ों पर उगे असंख्य बाँसों का रहस्य

मैं कुरुआ में सो रहा था
अचानक जमीन हिलने लगी
देखा जमीन का एक टुकड़ा
जेसीबी मशीन के पंजों पर था
अपनी जमीन के टुकड़े के साथ
मैं भी लटका था मशीन पर
तब महसूस हुआ मुझे
अपनी जमीन सहित उखड़ जाने का दर्द।
मैंने देखा मेरे पूर्वजों की देह
कैसे टुकड़े-टुकड़े में
काटी जा रही थी और
उसका हर टुकड़ा
करोड़ों में बिक रहा था
खरीदारों की भीड़
नीचे शहर बन गया था
और लगा जैसे मेरे ही शरीर का
हर हिस्सा कट-कटकर बिक रहा हो
मेरी आँखें, मेरा हृदय और सब कुछ।
मैंने पहाड़ों की चोटी पर से देखा
अपनी पीढ़ियों का भविष्य
बाँस बाजार लेकर बेचता भविष्य
और मैंने छूटते ही मशीन के पंजों से
उठा लिया बाँस

इस बार ये बाँस बाजार नहीं जाएँगे
जंगलों के अन्दर अब बाँस
बनेंगे हर हाथ का तीर-धनुष
और तब
पहली बार समझ में आया
मेरे पूर्वजों के रक्त से सिंचित
पहाड़ों पर उगे
असंख्य बाँसों का रहस्य...।

जमुनी रोको खुद को बिकने से

ओ जमुनी, देखो
तुम्हारे दर्द का हर दिन अब
सज रहा है, खबरों का बाजार
देस से लेकर देशों तक
तुम्हारे दर्द कैसे बिक रहे हैं, देखो
पति से तुम्हारे पिट जाने की
पड़ोसी के तुमसे दुष्कर्म की
प्रेमी से पाया अनचाहा गर्भ मिटाने की
हो जाने वाली तुम्हारी हत्या की
तुम्हारे शोषण और उत्पीड़न की
हर तरह की चटपटी, मसालेदार
तुम्हारे दर्द का हो रहा है व्यापार

तुम रेडियो, टीवी, इंटरनेट पर,
हर दिन की खबरों में
देखती हो, पढ़ती हो, सुनती हो
टकटकी लगाए बैठकर घर पर, मौन
यह सोचते हुए कि इन सबके बीच
कहीं तुम खुद हो गई गौण
तुम जमीन कुरेदती हुई सोचती हो
तुम दर्द हो, खबर हो, या हो इनसान
जमुनी तुम आखिर हो कौन?

ओ जमुनी, देखो
कैसा ये हुजूम है लोगों का
तुम्हारे घर के बाहर
वे लिखना चाहते हैं तुम पर
कहानियाँ, कविताएँ और किताबें
लेखनी लिए
तुम्हारे दरवाजों पर भटक रहे
तुमसे पूछे जा रहे
एक साथ सैकड़ों सवाल
तुम घबराई हो
तुम्हारे शब्द हलक में अटक रहे
कुछ खुद को शुभचिन्तक बताते हैं
आहिस्ता-आहिस्ता करीब आते हैं
तुम्हें दुनिया की नीति रीति समझाते हैं
तुम्हारा विश्वास जीत लेने के बाद
तुम जैसे ही भावुक होकर रोती हो
वो एक कुटिल मुस्कान लिए सफलता के
तुम्हारी बाँहें धीरे-धीरे सहलाते हैं
तुम सकपकाती हो, डर जाती हो
तुम्हें समझना होगा हर छुअन को
इनसान नहीं उसकी नीयत को
क्योंकि हर दायरे के बाहर
बुरी नीयत वालों का डेरा है
तुम भटकती हो अपने शहर में
अपनी जाति में, अपने लोगों में
ऐसी नीयत वाले तुम्हें मिलेंगे हर कहीं
हर खेमे में उनका अपना बसेरा है

ओ जमुनी, उठो
पहचानो उनकी नीयत को

इन काले-सफेद बालों के पीछे
इन नीली-भूरी आँखों के नीचे
इन लम्बे व्याख्यानों के बाद
रख लो बस इतना याद
तुम्हें बिना सोए चलना है मीलों
अनजाने बीहड़ बियाबान जंगलों में
अपने नंगे पावों से बनाकर निशाँ
गढ़ने हैं नए रास्ते, अपने वास्ते

बाहर के कोलाहलों के बीच भी
सुनो जमुनी अपने अन्तरमन की पुकार
कि अपने दर्द की ताप से
तुम बना लो एक मजबूत हथियार
जिस पर बाँधकर सफलता के झंडे
शिखर तक पहुँचने को हो जाओ तैयार॥

कैसा भेद

कच्ची उम्र में अपनी आँखों से
जो देखा था
आज भी जेहन में जिन्दा है
वह मंजर
तार से बँधी और छड़ से पिटती
मेरी बेसुध माँ,
दरवाजे बन्द थे
मैं मदद की गुहार लगाती रही
खिड़की से लोग झाँक रहे थे
देख रहे थे नजारा
जो चल रहा था
मेरे घर के अन्दर,
कई सालों तक माँ का दर्द
मुझे छलनी करता रहा
आँखें पथरा गईं
दिल हो गया दर्द से बंजर,
किसी औरत को फिर देखती हूँ
ऐसे जुल्म सहते हुए
मेरा अतीत फिर
मेरे सामने आ जाता है
जो धँस गया है
मेरे सीने में बनकर
एक जहरीला खंजर,

आज भी याद है
वह काली रात
जब रात में मेरे लिए
नए कपड़े खरीद
माँ लौटी थी घर
उनके सीने में घुसते ही
जोरदार हुआ था प्रहार
वह नए कपड़े जो
माँ ने मेरे लिए लाए थे
थाम कर कराही थी
गुनाह था उसका
कि लड़के से पहले
लड़की के लिए क्यों
कपड़े खरीदने गई बाजार
मैंने देखा है हर बार माँ को
जलील होकर टूटते हुए
और खुद को पाया हर हंगामे के बाद
बिखरे काँच के टूटे टुकड़ों को
समेटते हुए
कहते हैं आदिवासी समाज में
लड़के-लड़की का भेद नहीं
फिर सोचती हूँ बार-बार
क्या असर है, किसका असर है
जो कर रहा
हमारी संस्कृति पर छेद कहीं।

क्या लौटा सकोगे?

मेरे गाँव में आज
क्यों दूर तक पसरा
वह खालीपन है
कट गए हैं वह पेड़ पुराने
और
फैली दूर तक वीरानी है
वह नदी प्यारी
सिमट रही जो रेत की गोद में
उठते हैं धुएँ अब सीने से
पहाड़ों के
जलता है जंगल जार-जार
फटते हैं फिर
काले सोने की तलाश में
मासूम धरती माँ की कोख से शोले
भाग रहे हैं सब जंगल से
छोड़कर मिट्टी के घर
ढूँढ़ रहे हैं कंक्रीट के शहर में
एक अदद छत
छिपाने को अपना सर
सोंधी गाँव की मिट्टी से
अब आती है बारूद की महक
गुम हो गई है मेरे जंगल से
अब सोनी चिड़ियों की चहक

मेरी जमात में शामिल होने से पहले
सोचो क्या लौटा सकोगे?
मेरे गाँव की वह नदी की निश्चलता
मेरे जंगल में महुए और
आम के बौरों की खुशबू
वह कच्ची पगडंडी
और
सूरज की रोशनी में
मेरे खेतों की
मिट्टी की चमक
मेरी भाषा में छिपी मिठास
और मेरे हृदय का दृढ़ विश्वास॥

उठो, तुम्हारे सिरहाने है सूरज

ओ गांगु पहाड़िया
तुम सफेद कुर्ता पहन ढुलमुल
नशे में घूम रहे हो मंगर बाजार
और वहाँ ऊपर पहाड़ पर
तुम्हारी बेटी पड़ी है खाट पर
देकर एक बच्चे को जन्म
अधमरी-सी बीमार।
तुम अपनी बेटी के दर्द बेच रहे
बिहान से ही आकर बाजार
सौ, दो सौ, पाँच सौ मदद की
लगा रहे परिचितों से गुहार
कुछ पैसे लोगों ने तुम्हें दिए भी
देखकर तुम्हें लाचार
तुम साँझ झोंक आए सब भट्टी में
नहीं याद आई बेटी, तुम्हें एक भी बार।
ओ पहाड़ों के राजा
क्यों नहीं तुम्हें सुनाई पड़ती
अपनी ही लड़कियों की चीत्कार
तुम सोते रहते हो नशे की नींद में ऊपर
और मेला देखने आई तुम्हारी बेटियों का
शहरी भेड़ियों के हाथों हो रहा बलात्कार।
ओ मईसा पहाड़िया
तुमने ही उठाया था भार

हर पहाड़िया को दिलाने 'भोजन का अधिकार'
अनाज बाँटने का जिम्मा लेकर तुम
क्यों पहाड़ से भागकर नीचे तराई में
बस गए उन्हीं लुटेरों के साथ, सपरिवार।
कैसे भेदकर तुम्हारी आजादी की दीवारें
तुम्हारे पहाड़ों पर लोग मशीनें चला रहे
अपना पहाड़ बेचकर कौड़ी के भाव
तुम उनके दरवाजे पर भीख माँग रहे।
उठो, पहाड़ों के राजा
बचाने अपने पहाड़ों को कटने से
अपनी बेटियों को गैरों के हाथों बिकने से
देखो, इतिहास का पन्ना फिर से फड़फड़ा रहा
उठो कि तुम्हारे सिरहाने से सूरज निकल रहा।

मेरी औकात

वह लड़की याद आती है मुझे
नंगे पाव
सर पर
इमली की टोकरी ढोकर
हाट की ओर जाती हुई,
फिर बनाती है
पाँच खाना
मुट्ठी भर इमली
डाल कर
सखुआ पत्तों के दोने में,
और चिल्लाती है
'दो रुपए में इमली ले लो'

लोग आते हैं
सूँघते हैं
चखते हैं उठाकर
और आगे निकल जाते हैं
कहकर
'खट्टी है इमली!'

बहुत इन्तजार के बाद
शहर की औरतों का
झुंड गुजरा वहाँ से

मुँह में आए
पानी को चूने से बचाकर
उनमें से एक औरत
एक खाने की इमली
ले गई खरीदकर
थमा गई हाथों में
बस दो रुपए
दूर ढलते सूरज को
देखती है वह
चार खानों में बची
इमली को ताकती है
बस एकटक,
मुट्ठी में सिर्फ दो ही रुपए हैं
शाम ढलने तक
सूरज के ढलते ही
हाट उठने लगा
अब गली के गुंडे पीकर
घूमेंगे हाट में,
करेंगे बेवजह बहस,
उठाकर अपनी टोकरी
देखती है
उन दो रुपयों को
सोचती है
'काश! इमली खट्टी न होती'
हर बार
निकलकर
सामने आ जाती है
वह लड़की
जब
धूल-झाड़ कर निकालती हूँ

बक्से से
अपनी चन्द पुरानी तस्वीरें
और वह दो रुपए
जो आज भी सहेजे हैं
डिबिया में
उसे अब तक रखा है
अपने साथ
झूठ और भ्रम से भरी दुनिया में
वह डिबिया बताती रहे
क्या है मेरी औकात॥

रिसता हुआ दर्द

मैं देख रहा हूँ हर दिन
माँ जाती है
पर
हाथों में उसके खुरपी और डलिया की जगह
तीर और कमान है
भागता हुआ माँ के पीछे पगडंडी तक पहुँच
देखता हूँ दूर तक आदमियों का झुंड
जाकर उस भीड़ में गुम हो जाती है माँ
बदहवास दौड़ता हुआ मैं
गीली मिट्टी में फँस जाता हूँ
वह भीड़ नारे लगाते हुए मेरी नजरों से दूर निकल जाती है
रात माँ लौट आती है
उसके सिर पर सफेद पट्टी बँधी थी
और खून रिस रहा था
मैं मुटुर–मुटुर बस उसे ताक रहा था
कहीं वह रो तो नहीं रही?
नहीं, वह रो नहीं रही
उसने बड़े प्यार से मुझे अपनी गोद में लेकर कहा
ये जंग अपनी जमीन और अपने आप को बचाने की है
और यह तब तक नहीं थमेगी
जब तक
कि यह लूट न बन्द हो जाए
मेरे बाद तुम्हें भी लड़ना होगा

कहकर माँ निकल पड़ती है पड़ोसी के घर
बनाने को अगली रणनीति
मैं भी साथ हो लेता हूँ
अगले दिन माँ तीर-कमान लिए निकल पड़ती
देर रात घर न लौटने पर
सिसकता हुआ माँ को ढूँढ़ता हूँ मैं
तब भी जाने क्यों माँ नहीं आई
कई साल बाद
जाना मैंने
लेकर वह तीर-कमान
घर लौटने के लिए नहीं निकली थी
आज मैं लड़ रहा हूँ
माँ के सपने को बचाने के लिए
मैं लड़ रहा हूँ उन सारे दर्दों के साथ
जो मेरे सीने में कहीं गहरे गड़े हैं
लड़ रहा हूँ कई सालों से
लोगों को ये बस लड़ाई लगती है
नहीं दिखता मेरा सदियों पुराना जख्म
नहीं दिखता मेरा सदियों पुराना दर्द
नहीं दिखतीं मेरी सूखी हुई आँखें
उन्हें दिखते हैं सिर्फ मेरी जमीन, जंगल
मेरे खेत और कुछ नहीं...।

वंदना टेटे

जब चलते हैं बुलडोजर
हँसुआ हिलते हैं मानो
मंगला की सुनाई कहानी का
बीड़ी-तम्बाखू माँगता डूबो :
हिला रहा हँसुओं को हिलिर-बिलिर
और सुकू कुंबा के अन्दर
जमा कर रहा अपने भीतर
बोरसी की गरमी

वंदना टेटे

वंदना टेटे का जन्म झारखंड के सिमडेगा जिले के सामटोली में 13 सितम्बर, 1969 को 'खड़िया' आदिवासी समुदाय में हुआ। इनकी माँ रोज केरकेट्टा खड़िया और हिन्दी की चर्चित लेखिका हैं। पिता दिवंगत सुरेशचन्द्र टेटे फौज से सेवानिवृत्ति के बाद एचईसी में कार्यरत थे। आपने मैट्रिक उर्सलाइन कॉन्वेंट गुमला से और राँची महिला कॉलेज से इंटर और स्नातक की पढ़ाई पूरी की। स्नातकोत्तर की पढ़ाई राजस्थान विद्यापीठ के उदयपुर स्कूल ऑफ सोशल वर्क, उदयपुर से किया। साहित्यिक-सांस्कृतिक और राजनीतिक परिवेश माँ रोज केरकेट्टा एवं नाना प्यारा केरकेट्टा से विरासत में मिला। स्कूल-कॉलेज के दिनों से ही इन्होंने कविता एवं लेख लिखना शुरू कर दिया था। हिन्दी व खड़िया में लिखे इनके लेख, कविताएँ और कहानियाँ स्थानीय एवं राष्ट्रीय पत्र-पत्रिकाओं में प्रकाशित होती रही हैं। आकाशवाणी राँची एवं उदयपुर से इनके लोकगीतों व साहित्यिक रचनाओं का प्रसारण होता रहा है।

झारखंड आन्दोलन की राजनीतिक पत्रिका 'झारखंड खबर' की आप उप-सम्पादक रही हैं और राजस्थान में रहते हुए सामाजिक विमर्श की पत्रिका 'समकालीन ताना-बाना' एवं बाल पत्रिका 'पतंग' का प्रकाशन-सम्पादन कर चुकी हैं। वर्तमान में आप झारखंड की पहली बहुभाषायी त्रैमासिक पत्रिका 'झारखंडी भाषा साहित्य संस्कृति अखड़ा' (प्रकाशन वर्ष 2004), खड़िया मासिक पत्रिका 'सोरिनानिङ' (प्रकाशन वर्ष 2005), नागपुरी मासिक पत्रिका और 'जोहार सहिया' (प्रकाशन वर्ष 2006) का सम्पादन-प्रकाशन कर रही हैं। आपकी प्रकाशित पुस्तकें हैं : 'किसका राज है' (झारखंडी सवालों पर निबन्ध संग्रह), 'झारखंड एक अन्तहीन समरगाथा' (सहलेखन), 'पुरखा लड़ाके' (सम्पादित), 'असुर सिरिंग' (सुषमा असुर के साथ सह सम्पादन), 'आदिवासी साहित्य : परम्परा और प्रयोजन' (आलोचना, 2013), 'आदिम राग' (2014) और 'कोनजोगा' (कविता संकलन, 2015)।

झारखंड के सांस्कृतिक आन्दोलन में आप नई पीढ़ी के सबसे जुझारू नेतृत्वकर्ता हैं और झारखंडी भाषा साहित्य संस्कृति अखड़ा संगठन के जरिए

झारखंडी पहचान व सांस्कृतिक अस्मिता की लड़ाई का झंडा बुलन्द किए हुए हैं। आपके ही नेतृत्व में झारखंड की सभी प्रमुख 9 आदिवासी व क्षेत्रीय भाषाओं को राज्य गठन के 11 साल बाद द्वितीय राजभाषा का दर्जा मिला। आदिवासी साहित्य विमर्श को मुख्यधारा के प्रचलित मुहावरे से अलगाने और आदिवासी सौन्दर्यदृष्टि की सैद्धान्तिकी को व्यापक बनाने में आपकी अग्रणी भूमिका है।

खड़िया भाषा समुदाय में अन्य आदिवासी भाषाओं की अपेक्षा रचनात्मक साहित्य की जड़ें गहरी रही हैं। कवयित्री अपनी इस परम्परा को बखूबी समझती हैं इसलिए उनकी कविताएँ बहुत ही मँजे हुए विचार और एक नए आदिवासी शिल्प में नजर आती हैं। अपनी जड़ों से जुड़ने या उखड़ने को कोई सृजनधर्मी जरूरी नहीं कि पलायन के द्वारा ही समझे। वह किसी भी दृष्टान्त के माध्यम से उस पूरे परिप्रेक्ष्य को समझ सकता है। वंदना की एक कविता 'हमारे बच्चे नहीं जानते, तोतो-रे, नोनो-रे' में अपनी जड़ों से कटते बच्चे की चिन्ता है और इसी बहाने अपनी परम्परा को सँजोने की गहरी सदिच्छा भी है। कवयित्री लिखती हैं : 'बन्द कमरे में मालूम है उन्हें/मौसम की खबरें, देश-विदेश/मानवों-दानवों एवं जानवरों की जानकारी/पर नहीं है उन्हें पता/कि पहली तेज बारिश का पानी जब/सूखी नदी में उतरता है तो/अपने आने की सूचना कैसे देता है/और पातर काका क्यों जुते बैलों को तोतो-रे नोनो-रे कहते हैं/पथराई धरती क्यों सोंधी महक से लबरेज है।...' इस कविता में कई गहरे आशय हैं जो पंक्ति-दर-पंक्ति खुलते जाते हैं।

वंदना अपनी कविताओं में शहरीकरण, चैतन्य शहरी स्त्री, और झारखंडी समाज के कई कोने-अँतरे को स्पर्श करती हैं। कभी-कभी बड़े कलात्मक ढंग से कोई चित्र भर उपस्थित करती हैं। जिससे कमाल का लालित्य उनकी कविताओं में सजीव हो उठता है। बारिश सीरीज की दो कविताओं में उनके इस हुनर को देखा जा सकता है। 'पके धान के खेतों से दूर' नामक अपनी कविता में उन्होंने चाँद का एक अप्रतिम चित्र टाँका है। उनमें अपनी जड़ों को लेकर गहरा रागात्मक लगाव है और आदिवासियत पर दृढ़ यकीन। वह लिखती हैं : 'जंगल के रहने वाले हैं हम/जानते हैं इस बात को/कि कैसे एक पेड़ की पकड़/जमीन पर कितनी है/कितना वह मजबूत होगा/कितना बढ़ेगा वह।' डोल जतरा, कोनजोगा, डूबो: के खिलाफ आदि कविताएँ परम्परागत आदिवासी लय, काव्यात्मकता और बिम्बों के जरिए हमें उस दुनिया में ले जाती हैं, जिनसे विश्व कविता अभी तक अपरिचित है।

सम्पर्क : vandnatete@gmail.com

हमारे बच्चे नहीं जानते, तोतो-रे नोनो-रे

चिन्तित हूँ और उदास भी
कि छूट रही है मेरे बच्चों से
बहुत सारी चीजें
बहुत बड़ी दुनिया
जिन्हें वे शायद ही जान पाएँ।

बन्द कमरे में आँखें खोलते ही
टी.वी., कम्प्यूटर, नेट की दुनिया में
वायर के जरिए आती सूचनाओं
और रंगीनियों के अभ्यस्त होते
मेरे बच्चों की अँगुलियाँ
रिमोट, माउस और मोबाइल के बटनों पर
खेलती-नाचती-थिरकती हैं
और बन्द कमरे में सारे मौसम गुजर जाते हैं।

बन्द कमरे में मालूम है उन्हें मौसम की खबरें,
देश-विदेश, मानवों-दानवों एवं जानवरों की जानकारी
पर नहीं है उन्हें पता
कि पहली तेज बारिश का पानी जब
सूखी नदी में उतरता है
तो अपने आने की सूचना कैसे देता है
और पातर काका

क्यों जुते बैलों को तोतो-रे नोनो-रे कहते हैं
पथराई धरती क्यों सोंधी महक से लबरेज हो जाती है।

सच में मैं चिन्तित और उदास हूँ
कि नहीं जान पाएँगे मेरे बच्चे
डोरी, कुसुम से तेल निकालने की
मछली और चिड़िया पकड़ने की देशज तकनीक।
महुआ लट्ठा, इमली के बीज के साथ
औटाया गया खाने का स्वाद।

सरहुल पर्व से पहले
जंगल के फल-फूल को तोड़ने-खाने की मनाही
करमा के बाद खेतों में खड़ी
भेलवा की टहनियों का राज
आह! नहीं जान पाएँगे मेरे बच्चे

नहीं जान पाएँगे मेरे बच्चे
कुली बुढ़ी, सनई फूल और चूहे की कहानी
नहीं जान पाएँगे मेरे बच्चे
बारिश से पहले क्यों चीटियाँ
अपने अंडे लिए भागती हैं
नहीं जान पाएँगे
पाड़, दुरंग, ठड़िया, लहसुवा के बारे में
बोरी:का, पेछौरी, करया, पड़िया।

टैटू तो हैं गोदने खो गए
गोबर से लिपे आँगन में
चाँदनी रात में
या कि बोरसी की आग के पास
नानी-दादी से कहानी सुनने का मजा

आग में पके शकरकन्द और मछली का स्वाद
नहीं जान पाएँगे।

आह! कितनी-कितनी सारी जानकारियाँ
छूट जाएँगी हमारे बच्चों से
क्योंकि नहीं लिखी गई हैं किताबें इन पर
नहीं बने हैं सॉफ्टवेयर
और नहीं रहे अब धुमकुड़िया, गितिओड़ा, गिता:चाड़ी
और इसलिए
छूट जाएँगी चीजें मेरे बच्चों से
छूट जाएगी दुनिया हमारे बच्चों से।

वह उठेगी

वह उठी
तो उसकी सोच
चूल्हे-चौके पर
जा सिमट गई।

वह उठती है
चूल्हा सुलगाती है
और साथ ही सुलगते हैं
उसके विचार
चूल्हे में चढ़े बर्तन की तरह
गर्म होते हैं, खदबदाते, ठंडे होते हैं
फिर राख की तरह
एक चिंगारी दबाए
चुप हो जाती है।

वह अनाज बीनने बैठती है
और बीनती है अपनी सोच
जो उसके लिए अहम है।

वह
घर साफ करती है
और

फालतू सोच को
कचड़े की तरह बुहार देती है।

सेवा में दौड़ती
गतिमान होती है जब वह
उसके विचार भी दौड़ते हैं
तब वह गृहस्थी में मथ दी जाती है
और एक परिवार उसे
बना लेता है अपना बँधुआ।

पर बँधुएपन के खिलाफ
आजीवन कसमसाती रहती है देह।
गौरैया की तरह
फुदकते रहते हैं आजीवन उसके सपने
आँगन में
छत पर
पुरवइया-सी हहराती रहती है वह उम्रभर।
विचारों की सान पर
पजाती रहती है खुद को।

मुक्ति संघर्ष में शामिल है उसका पजना
उसका सजना, बसना, रचना
उसके जीत के गीत
बहुत करीब है तुम सबके
जो सिर्फ और सिर्फ उसके लिए है।

तुम कौन हो ?

तुम कौन हो ?
शास्त्रों में बताई गई देवी ?
नर द्वारा कल्पित रमणी ?
या कर्तव्य और प्रेम का
लबादा ओढ़े माँ-बहन पत्नी ?
तुम शायद सब कुछ हो
अलंकारों, आभूषणों से सुसज्जित
देवालयों और धर्मग्रन्थों में
अजन्ता एलोरा में
घर-दफ्तर कोठे तक
रामायण की सीता भी तुम हो
तुम्हीं वैशाली की नगरवधू
ताजमहल से ब्लू फिल्मों तक विस्तार है तुम्हारा
तुम सब कुछ हो
लेकिन इंसानियत से बेदखल
उस अहसास और अधिकार से वंचित
जिसके होने से
और कुछ हो न हो
इनसान होता है कोई

तुम जला दी जाती हो
रूपकुँवर की तरह
समाज कत्ल कर देता है तुम्हें

जब तुम प्रेम करती हो
संस्कृति की गर्म सलाखों से
फोड़ दी जाती है तुम्हारी आँखें
और जब जबान खुलती है तुम्हारी
तुम्हें बदचलन करार दे दिया जाता है।

इस एकतरफा फैसले की खिलाफत कब करोगी तुम?
कब तक बनती रहोगी रूपकुँवर?
कब तक मानती रहोगी
नगरवधू बनने का उनका फैसला?
और संस्कृति की पाशविक भूख को
कब तक?
आखिर कब तक
देती रहोगी लहूलुहान जिस्म?

तुम सीता अहल्या द्रौपदी और
रूपकुँवर हो तो
सिनगी–कैली, फूलो–झानो, माकी
सोनी सोरी भी हो
इनसान हो तुम
बहुत कुछ होने के अतिरिक्त।

पके धान के खेतों से दूर

पके धान के खेतों से दूर
पहाड़ी के पीछे
सरगुजा के खेतों के बीच
चाँद अकेला है
हवा संवाद चाहती है
नदी गुनगुनाना।

सलवा जुडुम के डर से
फुसफुसाती है जिन्दगी जहाँ
बहेगी बदलाव की बयार
मुस्कुराएगा चाँद
घोटुल में गूँजेगी हँसी
ये उम्मीद कौंधती रहती है
बिजली की तरह
जब पके धान के खेतों से दूर
मराङ बुरु पहाड़ पर
नाचते हैं काले-काले बादल

कविताओं वाली नदी

अब भी कभी
मन चाहता है
कविताओं की नदियों में डूबती-उतराती
गोते लगाऊँ
पहाड़ों की ढलान पर
गाती हुई उतरूँ
जटंगी के खेतों में
पीली फ्रॉक पहने
छुप जाऊँ
और दादा से कहूँ—
ढूँढ़ो मुझे।

पके जामुन से रंग लेकर
जब बादल पहाड़ों से
सहिया जोड़ने चलें
तो उन्हें गले मिलते देखूँ।
पर कैसे करूँ
मैं पूरी अपनी चाहना?
कविताओं वाली नदी सूखने लगी है
गीतों के पहाड़ उजाड़ हैं
जंटगी के खेतों में हिंडालको की माइन्स खुदी हैं।
सूख गए हैं पोखरे
बादल पहाड़ों से

आँख चुरा रहे हैं
और जंगल से गुजरती हवा
गुनगुनाना गुदगुदाना भूल गई है।
बस फुसफुसाती हुई
न जाने क्या कहती है
कि मन अंदेशे से भरे दह में डूबता-उतराता है।
और कविताओं की नदियों में डूबने की इच्छा
बन्दूक की बटों और बूटों के नीचे
कराहती रहती है
दिन-रात।

रची जा रही हैं

रची जा रही हैं
साजिशें ऐसी
कि हो रही है जमीन हमारी
हमारे ही खून से लहूलुहान
चल रही लाठियाँ
हमारे ही बदन पर
तन भेद रही संगीने
हमें ही लक्ष्य कर
और कई जोड़ी आँखें
बेध रही हैं हमें
रची जा रही हैं
साजिशें गहरी-गहरी
हमारे ही खात्मे के लिए
बिछाए जा रहे हैं फन्दे
ताकि
तुम्हारे विकास की गाड़ी
दौड़ सके रौंदती हुई हमारे
भूत-वर्तमान और भविष्य को
कुछ इस तरह
कि न उठ सके कोई दोबारा
और न कर सके कोई दावा।

कब तक ?

कब तक जोहते रहोगे
अपनी पहचान जानने
के लिए दूसरे का मुँह
और कब तक आसरे में
रहोगे कि कोई आए
और तुम्हारे लिए लड़े।
कब तक खुश होते रहोगे
कि उनकी कहानी में
तुम्हारा जिक्र है
कि तुम्हारा इतिहास
तुमने नहीं उसने लिखा है।
कब तक जोहते रहोगे
अवतारों के आगमन की बाट
कि हो सके
तुम्हारा उद्धार
क्यों करेगा कोई तुम्हारी
व्यथा का निराकरण
अपनी व्यथा बढ़ाने के लिए।
इसलिए बदलो
कि
समय बदल चुका है
नहीं देता अब कोई
अपना निवाला

नहीं देता अपना गाल
और नहीं रखता कोई
अपने सर पर जूती।
कि आत्म-सम्मान से
बड़ी कोई चीज नहीं होती।

कोनजोगा

हम नहीं लड़ रहे
अपने लिए।
कोनजोगा को
तोड़ रहे हैं लोग
कोनजोगा टूट रहा है
बगल की टोंगरी की तरह
नेस्तनाबूद कर देंगे वह
फिर भी
हम नहीं लड़ रहे
अपने लिए।

पुरखा कथाओं में दर्ज
कोनजोगा टूट रहा है
पुरखा कथाओं में दर्ज
जतरा के ढोल की आवाज
दफन हो रही है।
छेनी और हथौड़े की आवाज में
पाना, मारतुल और घन
ठोंक रहे हैं
सीने पर कोनजोगा के
सरकारी नुमाइंदे
ठेकेदार और मुंशी।

हम चुप हैं
हम नहीं लड़ रहे
अपने लिए।

हम क्यों चुप हैं ?
हम क्यों नहीं लड़ रहे ?

मिट गई जैसे
बगल की टोंगरी
कोनजोगा मिट जाएगा
और तुम
ओ खड़िया लोग
तुम्हारी धरोहर भी मिट जाएगी।

कोनजोगा : कमडारा प्रखंड स्थित खड़िया
सांस्कृतिक पहचान से जुड़ा एक पहाड़

सीधी कैसे चलूँ ?

माँ ने कहा
पिता ने भी कहा
सीधे रास्ते पर चलना
सामने देखना
इधर-उधर नहीं
सीधा रास्ता पकड़ना।

सीधे ही चल रही थी
जंगल-झाड़ के बीच में
झरिया ढोड़ा पार किया
रास्ते में एक-दो
संगी-साथी भी साथ चले।

बिना डर, बिना ठेसाए।
भूख लगी फल तोड़ा, खाया
प्यास लगी
पानी पीया, नदी झरिया का।

सीधा, पुरखों के
बनाए छांहुर पर चली।
जंगल के सीमाने में पहुँचते ही ठेस लगी
मुँह से निकला—हाय गयो,
और खून निकल आया अँगुली से।

अलकतरे की सड़क पर
चल रही हूँ
पाँव जल रहे हैं
छाया नहीं है।
बड़े-बड़े घर
और रकम-रकम के लोग,
रकम-रकम की बातें
भूख और प्यास
और रास्ते ही रास्ते
पिछलन ही पिछलन
कहाँ जाऊँ माँ जोई?
सीधी कैसे चलूँ?

मत जाओ बेटी

मत जाओ बेटी
घर छोड़कर
परिवार को छोड़कर।
जीना तो है
पर ये कैसा जीना है?
जहाँ मइन नहीं
जहाँ सम्मान नहीं।
आँखों के सामने रहोगी
मेरी आँखें तारों की तरह चमकेंगी।
आँखों से दूर रहोगी
आँसू से भर जाएँगी।
आँगन अँधेरा हो जाएगा।
भेजोगी तुम पैसा
घर दरवाजा चमकेगा।
पहनने-ओढ़ने को पाओगी बेटी
पर कहाँ पाओगी
माँ-बाबा की गोद
भाई-बहन का दुलार।
परदेश में बेटी
तरह-तरह के डर
किस पर विश्वास
किस पर अविश्वास करोगी
मन-शरीर में

पाओगी बहुत दु:ख
पैसा तुम्हारा बेटी
छीन लेगा मन का चैन
पता नहीं सिर ऊँचा रहेगा
या झुक जाएगा?
दु:ख के बोझ से
कन्धा भी थक जाएगा
इसलिए बेटी
मत जाओ घर दरवाजा छोड़कर।

पहाड़ की जिन्दगी

पहाड़ सी जिन्दगी
लुढ़कती, फिसलती
घाटियों में उतरती
सरल भी जटिल भी

सर्पीली सड़कें यहाँ
खींच लाई है तुम्हें
तुम क्या
तुम्हारे देवों को भी
घर हमारा अच्छा लगा तभी तो
किसी बहुरुपिये की तरह
रिफ्यूजी की तरह
घुसपैठिये की तरह
घुसे चले आए तुम

कभी शान्ति की खोज में
तो कभी पनाह माँगते, डराते
और कभी प्रेम के छलावे से
घुस आए तुम
हमारे पहाड़ों में
घरों में
और डाल लिया डेरा-घेरा
कर दिया हमें ही बेदखल।

तुम तो आए ही
साथ आई तुम्हारी
भाषा संस्कृति और दर्शन भी
और लील गए आहिस्ता-आहिस्ता
लीलता है जैसे बोड़ा[1]
दागता है जैसे बनफोरा[2]
पर तुम तो न बोड़ा हो
न ही बनफोरा
न करैंत
तुम तो हो तीनों का संकर।

तुम्हारे काटे की दवा बस
सिंगबोंगा के पास है
जो दे रहा है उत्तर
सुन सको तो सुनो
समझ सको तो समझो

1. अजगर की प्रजाति।
2. साँप जिसकी पूँछ में काँटे होते हैं। कहा जाता है कि वह बाँध या मेड़ में छेद करता है और यदि इनसान के शरीर को छू जाए तो मांस गलने लगता है।

मैं भी टूटा हुआ पुल

मैं भी टूटा हुआ पुल
बनते देखना चाहता हूँ
जो मेरे गाँव से
तुम्हारे शहर को जोड़ता है।
जानना चाहता हूँ मैं
कि वह बनेगा या भी कि नहीं
सलन की बीवी
पेट से है
अस्पताल जाना है
उसी अस्पताल में जो तुमने
हमारे लिए बनवाया है
और जहाँ कि
दवा डॉक्टर नर्स
कुछ भी नहीं है।
हाँ, मैं जानना चाहता हूँ
कि पुल कब बनेगा
मेरी छोटी नोनी
स्कूल जाना चाहती है
जो कि नदी के पार है
ताकि पढ़े और समझे वह
तुम्हें, तुम्हारी नीतियों को, योजनाओं को।
लेकिन
डरता भी हूँ

पुल बनने से
कि घूमता हूँ जिस जंगल में निर्भय
पुल के बनते ही
तुम बेदखल कर दोगे मुझे भी
जैसे कर दिया मेरे
दूर गाँव के रिश्तेदारों को
और डरता हूँ
अपनी जमीन के लिए
जो पुरखों ने बनाई थी मेरे
और
अगली आने वाली
कई पीढ़ियों के लिए।
भेंट चढ़ जाएँगी
तुम्हारे भीमकाय बुलडोजर के
और तब
मैं रिक्शापुलर, कुली
मेरी बेटियाँ आया, रेजा
मेरी पत्नी धँगरिन
के नाम से पहचानी जाएँगी
और मेरा एम.ए. पास जवान बेटा
अपने प्रतिरोध के कारण
नक्सली बनाकर मार दिया जाएगा
और इसलिए मैं दुविधा में हूँ
पुल बने या नहीं।

डोल जतरा

लाल धवई के फूल
खिल रहे हैं
जंगल में फूलचीभी
रस जोभ रही है रासे-रासे
जिरहुल के छोटे फूल
खुश हैं बहुत खुश
परास हाँकवा कर रहा
डम्पर के पैरों तले रौंदी धूल
जंगल से निकली हवा से मिल
जदूर खेल रही है
कुजामपाट झूम रहा है।
क्योंकि असुर और उराँव
झंडा लेते हुए
धइरे-धइरे आ रहे हैं
अब पुरखों की विरासत को
अपने पीठ पर बेतरा चुकी हैं औरतें
अपने कन्धों पर बहिंगा ले
तैयार है उसमेर कोड़ा[1]।

1. नवयुवक

इस कोठरी के लिए

मैंने तय कर लिया है
लौट जाऊँगी
अपनी दुनिया में
क्योंकि बहुत मुश्किल है
इस अनजानी असहज
दुनिया में अकेले रहना

कई एहसासों के
रंग से
रंगी थी मैंने ये कोठरी
महीने भर में
इसकी सूरत कैसी
बदली-बदली है
इससे पहले कि ये
और बदल जाए
मैं लौट जाना चाहती हूँ
अपनी दुनिया
अपने गाँव में।

तुम्हारे घुटनों में दर्द के बावजूद
शहर की सड़कें
नापते हुए
अस्पताल के कॉरिडोर में

भागते हुए
किसी रेस्तराँ की भीड़ में
अकेले पड़े
टेबल में खाते हुए
इस कोठरी के लिए
कई रोशनियाँ जुटाई थीं मैंने।

कोठरी में उतरता
ये अँधेरा
इतने आहिस्ते से उतरा
कि
भौचक हैं रोशनियाँ
अपनी बेदखली
और तुम्हारी चुप्पी से।
इसलिए मैंने
समेटना शुरू कर दिया है
और तय कर दिया है
कि
अहले सुबह
तुम्हारी गाड़ी छूटते ही
अपने बँधे-अधबँधे सामान समेट लूँगी
पर कोठरी के कोने में
टुकनू भर रोशनी
पड़ी है अभी भी।

बारिश–1

बारिश की सोंधी महक
ले आई है अपने साथ
उफियों की बारिश
नन्ही आदि पुलक-पुलक
चुन रही है जैसे—
गिर रहे हैं महुए
या कि
उड़ रहे हैं जैसे—
फूल सरई के
फिर्र-फिर्र-फिर्र...

बारिश-2

ये तो अच्छा हुआ
कि दर्द आँखों के रास्ते
बाहर आ
सावन से मिल गया
बारिश की लड़ियों से मिल गया
और
तोड़ दी कितनी बन्दिशें
पहरे और कसमें।

चलो बाबा

बाबा
चलो हमारे संग
इस राजभवन से बाहर
किसी भी चौक-चौराहे पर
फुटपाथ पर ही सही
गाँव के अखड़ा में
स्कूल के आँगन में
खुले आसमान के नीचे
पर चलो यहाँ से
इस राजभवन से बाहर

यहाँ पाखंड बोलता है
इस घर का पुरखा खड़ा है
एक कोने में
हाँ
राजदरबार के कोने में खड़ा है पुरखा
और जश्न मन रहा है सम्मान का
सम्मान से मता हुआ है राजभवन
कम्पनियों के दारू में डूबा है मौसम

हमारी देह की असहमति सुनो बाबा
असहनीय गन्ध से थरथरा रही है देह
दर्द, अपमान और आक्रोश से आँखें

कोयल-कारो सी ऊब-डूब हो रही हैं
छातियों में पहाड़ फूल रहे हैं
कोख में सरसरा रहा है उलगुलान

चलो बाबा
इसी पल चलो
हम खुले में रहेंगे